WALTER DEETERS KLEINE GESCHICHTE OSTFRIESLANDS

FÜR INGRID

WALTER DEETERS

Kleine Geschichte Ostfrieslands

VERLAG SCHUSTER LEER

Nonum Prematur In Annum

Horaz

Inhalt

Ein Blick auf Land und Leute

Wie eine geballte Faust ragt die ostfriesische Halbinsel zwischen Dollart und Jadebusen in die Nordsee, zwischen dem 7. und 8. Längengrad und dem 53. und 54. Breitengrad. Ziemlich genau an dem Punkt, wo sich die Mitten zwischen diesen Graden schneiden, liegt Aurich, die so von der Natur bestimmte Hauptstadt Ostfrieslands.

Der Reisende, der heute durch dieses Land kommt, sollte wissen, daß die Landschaft, welche sein Auge einfängt, stärker vom Menschen geprägt worden ist als vielleicht andere deutsche Gegenden. Die ostfriesische Halbinsel gehört mit den nördlichen Niederlanden und dem Elbe-Weser-Dreieck zu den drei großen Landzungen, die Rhein, Ems, Weser und Elbe zwischen ihren Mündungstrichtern gelassen haben, als sich im ersten Jahrtausend v. Chr. die Nordsee in ihrer heutigen Form bildete. Darum ist auch Butjadingen, die Landschaft jenseits des Jadebusens, geographisch ein Teil der ostfriesischen Halbinsel. Vor dieser liegen als Wellenbrecher die sieben Inseln Borkum, Juist, Norderney, Baltrum, Langeoog, Spiekeroog und Wangerooge, und ihren Abschluß zum deutschen Festland findet sie in einem breiten Moorgürtel. Tragendes Gerüst dieser Halbinsel ist ein nur um wenige Meter erhöhter Geestrücken, der von Nordwesten nach Südosten die Wasserscheide bildet.

Die gegenwärtige verhältnismäßig gerade Form der Küstenlinie darf nicht darüber hinwegtäuschen, daß sie das Ergebnis eines tausendjährigen Prozesses von Fortschritten und Rückschlägen im Deichbau ist, von dem noch die Rede sein wird. Hinter dieser Küste dehnt sich ein breiter Gürtel fruchtbarsten Bodens, die Marsch.

Ausgezeichnet vor allem als Weideland, ist sie der Teil der ostfriesischen Halbinsel, welcher die Menschen anzog, weil ihre Erträge guten Verdienst verhießen. Bescheideneren Gewinn bietet die Geest, das trockene Ackerland hinter der Marsch, und jeglicher Kultur feindlich ist das Moor, das man darum im Lauf der Zeit bis auf wenige Reste beseitigt hat. Marsch — Geest — Moor: das ist der bestimmende Dreiklang, den die Natur dem Menschen hier zu hören gibt, und ein guter Teil dieser Geschichte wird davon handeln, wie er darauf gehört hat.

Unverändert bei allem blieb nur das Wetter, vor allem der Wind, der vom Westen die tiefhängenden Regenwolken des Atlantiks herantreibt. So kämpft man hier nicht nur gegen das Wasser an der Küste, sondern auch gegen das Regenwasser, dessen Abfluß die Natur in dem nur wenige Meter hohen Lande und gegen eine halbtägige Flut der Nordsee sehr erschwert. Die Entwässerung der Fluren war und ist eine lebenswichtige Aufgabe, zu deren Bewältigung die Menschen vieles in der ursprünglichen Landschaft verändert haben: denken wir nur an die Wasserläufe, die Tiefs, die fast alle ihren alten Lauf verloren haben; an die »Meere«, jene eiszeitlichen Überreste von flachen Gewässern, die nahezu verschwunden sind, und an die Fehne und Kanäle zur Entwässerung der Moore. Wenn man dann noch in Betracht zieht, daß der spärliche, vom Menschen angepflanzte Wald auf der ostfriesischen Halbinsel ungern gedeiht, so bleibt nur der Schluß, daß die heutige Landschaft weitgehend das Ergebnis menschlicher Anstrengungen — im guten wie im schlechten Sinne — ist.

Diese geographischen Voraussetzungen haben die Einwohner wie überall im Laufe der Jahrhunderte beeinflußt. Sie sind Bauern im besten Sinne des Wortes und keine Städter. Natürlich gibt es Städte, größere und kleinere, aber ihre Bewohner sind mehr oder minder mit dem Lande verbunden, sei es durch Verwandtschaft, sei es durch großen oder kleinen Grundbesitz. Auch die Industriearbeiter sind weitgehend auf dem Lande ansässig.

Zum bäuerlichen Denken gehört nun eine gewisse Hartnäckigkeit im Bewahren alter Vorstellungen, ein gesundes Mißtrauen gegen überstürzte Neuerungen, eine prüfende Zurückhaltung vor fremden Personen und Erscheinungen und eine kaufmännische Begabung. Man ist nicht sprunghaft und auch nicht gesinnt, jeden Unbekannten gleich als Freund anzusehen, wie umgekehrt

Deichbau und Abwässerung seit alters den Sinn für gegenseitigen Beistand und Zusammenarbeit wach gehalten haben.

Man liebt die überschaubaren Verhältnisse und fühlt sich heimisch zuerst im eigenen Haus, dann in der engeren Umgebung als Fehntjer oder Insulaner, als Rheiderländer oder Harlinger, dann als Ostfriese und endlich auch als Deutscher und Europäer. Diese Anschauungsweisen können sich natürlich zu einer mehr oder minder starken Ichsucht verengen, wenn der Besitz wichtiger wird als das menschliche Umfeld. Andererseits hat dieses Besitzdenken die Menschen gelehrt, sich in rechtlichen Begriffen heimisch zu fühlen und das Recht als ein hohes Gut anzusehen; nicht umsonst sind die berühmtesten Ostfriesen Juristen.

Durch die Natur vom Festland abgeschlossen und zum Meer hin offen, haben die Bewohner der ostfriesischen Halbinsel immer eine lebhafte Neigung zur Seefahrt bewiesen. Diesem Gegensatz von bäuerlicher Seßhaftigkeit und Streben in die Ferne entspricht die merkwürdige Tatsache, daß immer wieder Menschen das Land verlassen haben, um in der Fremde ein besseres Fortkommen zu finden, wie auch ständig Leute — freiwillig oder gezwungenermaßen — den Weg hierher gefunden haben, um zu bleiben und sich spätestens in der zweiten Generation nicht mehr als Zuwanderer zu fühlen. So prägt das Land den Menschen, wie er seinerseits es geformt hat.

Die Geographie also kennt eine ostfriesische Halbinsel zwischen Ems und Weser. Die Geschichte nennt Ostfriesland. Was ist der Unterschied? Es wird eine der Aufgaben dieses Werkes sein, ihn zu erklären; hier sei nur soviel gesagt, daß Ostfriesland der größere westliche Teil der ostfriesischen Halbinsel ist, deren östlicher Teil — durch den Jadebusen getrennt — in das Jeverland und Butjadingen zerfällt, Landschaften, die seit längerer oder kürzerer Zeit zu Oldenburg gehören. Oldenburger — und in diesem besonderen Falle namentlich die Jeveraner — und Ostfriesen leben darum zusammen wie Nachbarn, die sich gut kennen und darum nicht immer lieben; und wenn das Jeverland heute Landkreis Friesland heißt, so hat dieser Umstand das Bonmot ausgelöst: »Östlich von Ostfriesland liegt Friesland!«

Erste Siedlungen

Vorgeschichte, Frühgeschichte, Urgeschichte: diese deutschen Ausdrücke für die Wissenschaft mit dem Spaten deuten an, wie schwer man sich mit ihr tut: Ist sie eigenständig oder nur eine Dienerin der allgemeinen Geschichte? Das hat seinen Grund auch darin, daß die Vorgeschichte jahrzehntelang vom Zufall der Bodenfunde lebte, die ein immer dichteres Mosaik zusammenzulegen erlaubten, bis man in unseren Tagen, auch in Ostfriesland, die systematische Feldbegehung begonnen hat. So sind die Ergebnisse dieser Wissenschaft vielfach einzeln und verstreut und sperren sich gegen eine bequeme Zusammenfassung und griffige Darstellung. Dabei ist man hierzulande aus Gründen, die noch zu erläutern sein werden, bis ins hohe Mittelalter hinein auf die Ergebnisse aus Grabungen mit angewiesen.

In der historischen Literatur wird Ostfriesland zuerst von römischen Schriftstellern im ersten Jahrhundert n. Chr. erwähnt; für die Zeit davor sind wir ganz auf die Vorgeschichte angewiesen. Die ersten faßbaren Spuren menschlicher Anwesenheit datieren aus den Jahrhunderten um 9000 v. Chr. Aus der mittleren Steinzeit kennen wir schon zahlreiche Funde von Feuersteingeräten auf der Geest. Wenn die unseßhaften Jäger und Sammler auf das Gebiet der jetzigen Marsch vorgedrungen sein sollten, so ist ihre Hinterlassenschaft verschwunden; denn die Marsch entstand erst in den folgenden Jahrtausenden durch die Ablagerungen der Nordsee.

Aus der Zeit um 3000 v. Chr. stammt das älteste noch heute sichtbare Zeugnis, das Menschen in Ostfriesland hinterlassen haben: das Steingrab in Tannenhausen, von dem noch drei Decksteine erhalten sind. Grabanlagen gehören zu Wohnstätten, dauernden Siedlungen also. Wir können darum sagen, daß Ostfriesland nachweislich seit 5000 Jahren bevölkert ist. Es mehren sich jetzt die Funde von Tonwaren, die auf eine zunehmende Besiedlung schließen lassen.

Die Steinzeit wird um 1800 v. Chr. abgelöst durch die Bronzezeit, aus der ansehnliche Goldfunde von einem gewissen Reichtum im Lande Kunde geben, nämlich die goldene Sonnenscheibe aus Moordorf und die Goldschalen von Terheide. Die Sonnenscheibe, aus irischem Gold gefertigt, diente wahrscheinlich kultischen Zwecken; die Goldschalen waren prunkvolle Trinkgefäße. Beide Gegenstände bilden die Spitze einer großen Anzahl von Funden, von Hausgrundrissen bis zu Tierknochen, die alle auf einen behäbigen Bauernstand hinweisen. Darum nimmt nicht wunder, daß der älteste erhaltene Pflug Europas in Ostfriesland, in Walle bei Aurich, gefunden wurde. Er stammt aus der älteren Bronzezeit, ist aus Eichenholz zusammengefügt und gehört zu den Hakenpflügen. Endlich haben sich im Moor hie und da Bohlenwege erhalten, die auf einen gewissen Verkehr und Warenaustausch schließen lassen.

Um 750 v. Chr. beginnt in Ostfriesland das Eisen die Bronze zu ersetzen. Die Funde werden dichter; und auch in der Marsch, namentlich in Jemgum an der Ems, lassen sich nun Siedlungen ermitteln. Das heißt nicht, daß die Nordsee ruhiger geworden wäre. Das nachweisbare Ende dieser Siedlungen kann nur bedeuten, daß sie wieder überschwemmt wurden. Andererseits wissen wir, wie lockend die reichen Böden der Marsch für die Menschen waren. Es entstand darum eine besondere Form menschlichen Zusammenlebens, die bis heute weiterlebt, so daß zum ersten Male hierzulande die gegrabene mit der geschriebenen Geschichte verknüpft werden kann: die Warfen oder Wurten. Es sind ovale oder runde Hügel, die künstlich aufgeschüttet wurden, um die Häuser vor der Überflutung zu schützen. In Rysum oder Manslagt sind sie noch am besten zu erkennen. Die Römer, die während der Germanenkriege um Christi Geburt bis an die Nordsee und in die Emsmündung vordrangen, berichten mit ungläubigem Erstaunen von dem Meer, das halbtags aufläuft und zurückfließt, und von armseligen Gestalten, die sich auf Erdhügeln davor schützen und ihre Hütten mit Torf, den die Römer nicht kannten, wärmen.

Von nun an sind somit sowohl die ausgegrabene wie die schriftliche Überlieferung für die Geschichte des Raumes, den wir heute

Ostfriesland nennen, heranzuziehen, was zumindest für die ersten nachchristlichen Jahrhunderte die Sache nicht einfacher, sondern schwerer macht. Die Archäologie lehrt uns, daß nach wie vor auf Geest und Marsch Bauern ansässig sind, deren Kulturbeziehungen anfangs in die nördlichen Niederlande, später in die Gegenden östlich der Weser zielen. Die Funde erlauben uns auch festzustellen, daß es gewisse soziale Unterschiede gibt. Eigentlich ist es ja selbstverständlich, daß in jeder menschlichen Siedlung Reiche und Arme, Erfolgreiche und Unglückliche wohnen. Man muß vorsichtig sein, wenn man gleich daraus auf das Vorhandensein eines Herren- und eines Knechtsstandes schließen will. Wichtig ist nur, daß die Häufigkeit und Aussagekraft der Grabungsergebnisse zunehmen, die Siedlungsformen erkennbarer werden und zeitlich genauer abgestuft werden können. So darf man sagen, daß in den Jahrzehnten zwischen 400 und 500 n. Chr. ein Rückgang in der allgemeinen Besiedlung angenommen werden muß. Nur bleibt die Frage: wie verträgt sich dieser Befund mit den teilweise widersprüchlichen Nachrichten über Chauken, Sachsen und Friesen, die uns die antike Geschichtsschreibung mitteilt.

Von den Friesen soll das nächste Kapitel handeln. Wenn nicht alles täuscht, saßen um Christi Geburt die Chauken in ganz Nordwestdeutschland und den heutigen Niederlanden. Im vierten Jahrhundert – möglicherweise in Zusammenhang mit dem eben erwähnten Nachlassen der Besiedlung – werden sie abgelöst von den Sachsen, die am dichtesten zwischen Elbe und Weser auszumachen sind. Von ihnen wissen wir, daß sich die Angeln, einer ihrer Teilstämme, in jener Zeit in England niederließen. Waren nun die Friesen, die um 600 aus dem Dunkel der Geschichte auftauchen, auch eine dieser sächsischen Gruppen?

Die Friesen und ihre Christianisierung

Wir wollen uns nicht mit der schwierigen Frage befassen, ob jene Friesen, von denen in römischer Zeit in Zusammenhang mit den Chauken die Rede ist, der gleiche Stamm sind wie die Friesen, die seit etwa 600 in den Quellen erscheinen und denen wir uns jetzt zuwenden. Jedenfalls sind sie ein westgermanischer Stamm, sprachverwandt mit den Angelsachsen und stets in engen Beziehungen zu England. Sie wohnen an der Küste der Nordsee, von der Rheinmündung ostwärts bis über die Insel Sylt hinaus und sind ein Volk, das gleichermaßen Bauern wie handeltreibende Seefahrer zu den Seinen zählt. Einen festen Stammesverband bilden sie nicht. Zwar gab es in den heutigen Niederlanden im 7. und 8. Jahrhundert friesische Könige — der bekannteste war Radbod —, doch waren sie nach dem Vorbild der germanischen Heerkönige eher die Ersten unter ihresgleichen. Abgesehen von den Sklaven, welche die gemeine Arbeit verrichteten, war jeder Friese frei im Rahmen seiner Fähigkeiten und seines Vermögens. War dieser Rahmen beschränkt, so geriet er doch in gewisse Abhängigkeit gegenüber den besser Gestellten in seiner Siedlung; das war die Oberschicht, auf welche die später zu behandelnde Legende von der »friesischen Freiheit« zutrifft.

Diese Oberschicht trug neben ihrer größeren Freiheit auch eine größere Verantwortung, zum Beispiel für die Erfüllung der auch im Heidentum gegebenen kultischen Pflichten oder für die Rechtswahrung, die sich in mündlichen Gerichtsverfahren vollzog und deren Regeln richtig angewandt werden mußten.

Als Bauern waren die Friesen vor allem Viehzüchter — die »friesischen Tuche« waren berühmt —, als Seefahrer waren sie der Träger eines blühenden Handelsverkehrs zwischen den Niederlanden und der Ostsee. Nur dürfen wir uns die Verhältnisse nicht bescheiden genug vorstellen. Die Schiffahrt geschah längs der Küste im sicheren Watt, am Tage und in kleinen Booten, die schnell in ebenso kleinen Häfen Zuflucht finden konnten. Wichtig für die weitere Entwicklung ist nun, daß sich um einige dieser Häfen Handelsorte entwickeln, Orte, die nur noch dem Handwerk und Warenaustausch und nicht mehr gleichzeitig dem Ackerbau dienen. In den Niederlanden sind das die »Wike«, deren berühmtester Dorestad ist; im heutigen Ostfriesland entstanden zwischen 700 und 800 sogenannte Handelswarfen: in Nesse, Groothusen und Grimersum und, für die Folgezeit am bedeutsamsten, in Emden.

Vergessen wir nicht: die Marsch ist noch gegen das Meer ungeschützt, und man ist noch immer auf die Siedlungsform der Warfen angewiesen. Die neue Form der Handelssiedlungen ist nun nicht mehr oval, sondern streckt sich zu einer Längswarf mit einem Weg in der Mitte, den beiderseits die Häuser der Handwerker und Händler einrahmen. Die Arbeitsteilung, eines der wesentlichsten Kennzeichen der heutigen Gesellschaft, ist damit auch hierzulande eingezogen; denn diese Orte können sich nicht mehr selbst ernähren. Daß ihr Handel mehr als örtliche Bedeutung hatte, kann man aus zahlreichen größeren und kleineren Münzfunden mit Sicherheit schließen.

Auf der Geest wurde selbstverständlich auch gesiedelt. Unmittelbare, ununterbrochene Bewohnung läßt sich jedoch nur für wenige Orte nachweisen, wenn nämlich größere Gräberfelder, wie in Dunum, mit jahrhundertelanger Belegung ermittelt werden konnten. Wiederholt sei gesagt, daß wir uns die Gegebenheiten nicht kleinräumig genug vorstellen dürfen: auf das Gebiet der heutigen Stadt Aurich etwa, das damals eine Geestinsel im Moor war, verteilten sich wahrscheinlich ein Dutzend Dörfer, die eher Kleinsiedlungen zu nennen sind. Das Moor war nach wie vor wüst und leer und diente allenfalls als Richtstätte, deren Opfer als Moorleichen bekannt sind.

Diese, soweit wir wissen geordnete, Umwelt geriet nun im 7. und 8. Jahrhundert in immer stärkere Unruhe durch das Auftreten christlicher Missionare, zumal hinter diesen die damalige Großmacht Europas, das Frankenreich, stand. Den Friesen mußte die Verbindung der neuen Lehre mit dem politischen Machtstreben verdächtig erscheinen, und wenn die Mission von vielen

Rückschlägen verfolgt worden ist, so liegt die Schuld an diesem von den Franken gewollten Zusammenwirken.

In den Niederlanden versuchte der aus England kommende und den Friesen stammverwandte Willibrord von dem 695 zum Erzbischofssitz erhobenen Utrecht aus, fränkische Eroberung und christliche Mission zu vereinigen. Er war nicht der erste Sendbote, aber er hatte als erster die päpstliche Vollmacht. Da die christliche Botschaft mit der Hilfe des Schwertes verkündigt wurde, was sich nach mittelalterlicher Auffassung nicht widersprach, nimmt nicht wunder, daß sich auch die heidnischen Friesen der Waffen bedienten. Der Märtyrertod des Bonifatius im westfriesischen Dokkum (754) ist nur das bekannteste Beispiel.

Ein Schüler des Bonifatius nun und gleichfalls Angelsachse war Willehad, mit dem sich die Mission dem Ostteil Frieslands nähert. Seit 768 hatten die Franken einen machtbewußten König, den späteren Kaiser Karl den Großen, der energisch unter anderem auch das Problem der Ostgrenze seines Reiches löste, was zu den Sachsenkriegen führte. Im Zusammenhang damit beauftragte Karl den bis dahin recht erfolglosen Willehad im Jahre 780 mit der Mission an der Unterweser, woraus eines Tages das Erzbistum Bremen entstand. Aus dieser Gegend also, von Osten her, wurde jetzt die christliche Lehre in Friesland gepredigt. In den alten Überlieferungen aus dem Ostteil der ostfriesischen Halbinsel, namentlich in Rüstringen und Butjadingen, ist die Erinnerung an den 789 gestorbenen Willehad und seine Christianisierung lebendig geblieben.

Es ist für die weitere ostfriesische Geschichte von hoher Bedeutung, daß damals von Süden her ein anderer Missionar hierzulande auftrat, der Friese Liudger. Er hatte in seiner Jugend mit Willehad zusammengearbeitet und erhielt später von Karl dem Großen den Auftrag zur Predigt in den friesischen Landen beiderseits der Ems. »Hleri iuxta fluvium Lade« (Leer an der Leda) wird in seiner Lebensbeschreibung mit einem Fischwunder erwähnt und ist damit einer der ältesten namentlich bekannten Orte Ostfrieslands.

Liudger war nicht nur Bischof von Münster, sondern auch Gründer der Abtei Werden bei Essen. Die fränkischen Reichsklöster Werden und Fulda bekamen damals zahlreichen Grundbesitz in Friesland geschenkt, und aus ihren Grundstücksaufzeichnungen erfahren wir die Namen vieler heute noch bestehender Ortschaften. Besonders wichtig wurde Weener als ein Werdener Vorort. Klöster selbst wurden in dieser Zeit im Lande noch nicht errichtet. Überhaupt kann von einer vollständigen und endgültigen Christianisierung um 800 nicht die Rede sein; es waren höchstens die Fundamente gelegt. Festzuhalten bleibt aber, daß die spätere Aufteilung Ostfrieslands auf die Sprengel des Erzbistums Bremen und des Bistums Münster eine Folge dieser auf Willehad und Liudger verteilten Mission war. Es ist ein Lehrbeispiel dafür, daß zufällige Entscheidungen weitreichende Wirkungen haben können.

Einordnung in das Deutsche Reich

An den Namen Kaiser Karls des Großen knüpfen sich im friesischen Bewußtsein zwei Erinnerungen: die »friesische Freiheit« und die »Lex Frisionum«, die Aufzeichnung des friesischen Rechts. Diese ist darum so wichtig, weil sie uns nicht nur viele Rückschlüsse auf die heidnische Kultur der Friesen zu ziehen erlaubt, sondern auch das Besondere des friesischen Rechts im Vergleich mit den anderen Germanenrechten feststellen läßt. Die Lex Frisionum ist kein Gesetzbuch im modernen Sinne. Wir wissen noch nicht einmal, ob sie vollständig überliefert ist. Aber sie steht am Anfang der vielen Rechtssetzungen des friesischen Mittelalters, die im Ostfriesischen Landrecht des Grafen Edzard I. münden und die Regelung unzähliger Streitfälle des täglichen Lebens ermöglicht haben.

Ebenfalls bedeutsam ist in der Lex Frisionum, daß uns hier zum ersten Mal die spätere klassische Trennung Frieslands in West- und Ostfriesland entgegentritt, ohne daß diese Begriffe schon verwendet werden. Die Lauwers, der Grenzfluß zwischen den niederländischen Provinzen Friesland und Groningen, und die Weser gelten als Grenzen eines Teiles der Friesen, in dem gelegentlich abweichende Bestimmungen in Kraft sind. Wenn darum bei der Darstellung des Mittelalters in dieser Geschichte von Ostfriesland die Rede ist, so ist das eine Kennzeichnung von heute her, der die damalige Wirklichkeit nicht entspricht.

In der Geschichtsforschung ist das Gegensatzpaar Herrschaft — Genossenschaft entwickelt worden, das nun zur Erklärung verwickelter Tatbestände heranzuziehen ist. Seit den Tagen Karls des Großen gehört Friesland zum Deutschen Reich, das aber etwas ganz anderes ist als ein heutiger Staat. Es ist ein Personenverband adliger Amtsträger, die gewisse Befugnisse wahrnehmen und dafür bestimmte Rechte haben. Soweit den spärlichen Quellen zu entnehmen ist, bedeutet das für das Friesland des 9. und 10. Jahrhunderts, daß es wohl zum Herzogtum Sachsen gerechnet wurde. Innerhalb des Herzogtums waren verschiedene Familien mit Grafenrechten für bestimmte Gebiete, Gaue genannt, begabt. Die aus der Missionsgeschichte bekannte Spaltung des heutigen Ostfrieslands scheint dabei beachtet worden zu sein. Die Bewohner galten weiterhin als Freie, welche nur dem König Abgaben schuldeten, die der Graf einzog. Als man im 11. Jahrhundert versuchte, diesen Status anzutasten, bildete sich die Legende von der friesischen Freiheit. Zur höheren Glaubwürdigkeit führte man sie auf den Kaiser Karl zurück, der allen Friesen die persönliche Freiheit verliehen habe.

Wir müssen für jene Jahrhunderte von einem weitverbreiteten Stand von großen und kleinen Bauern in Marsch und Geest ausgehen, die in kleinen Siedlungen beieinander wohnten und allenfalls wirtschaftlich voneinander abhängig waren. Sie zahlten geringe Abgaben an den König, der ihnen dafür Schutz gewährte. Wie das nun bei den zahlreichen seeräuberischen Angriffen durch die Wikinger oder Normannen, welche die zweite Hälfte des 9. Jahrhunderts in Friesland mit fortdauernder Unruhe erfüllten, in der rauhen Wirklichkeit des Tages aussah, können wir nicht sagen. Zur Verherrlichung des Erzbischofs Rimbert, der den Sieg durch sein Gebet herabgefleht haben soll, erfahren wir beiläufig von der Normannenschlacht, die gegen Ende des Jahres 884 im Gau »Nordwidi« stattfand. Da der Erzbischof nicht allein gekommen sein wird, sondern mit militärischem Gefolge, wird dieses gemeinsam mit dem Aufgebot der landsässigen Freien den Kampf bestanden haben. Im Spätmittelalter hat man den Ort dieser Schlacht bei Norden sehen wollen, was nicht ausgeschlossen ist, und den Ursprung der Theelacht, einer noch heute bestehenden Genossenschaft, die gemeinsamen Grundbesitz verwaltet, auf das Jahr 884 zurückgeführt.

In dieser Form wurde also Herrschaft ausgeübt: Unterstützung der Einwohner bei der Verteidigung ihres Landes. Gleichzeitig erleben wir nun den Anfang einer technischen Entwicklung, die von Genossenschaften noch heute bewältigt wird: nämlich die Anlage von Deichen und alle damit zusammenhängenden Fragen des Wasserbaus. Man nimmt an, daß die ersten Deiche um das

Jahr 1000 herum geschaffen wurden, und zwar etwa auf Grund folgender Überlegungen: Auf den Warfen konnte man zwar sich und sein Gehöft vor den Überschwemmungen schützen, nicht aber sein Land. Was lag näher, als einen Damm vor dieses Land gegen das Meer anzulegen. Die Erfahrung lehrte freilich bald, daß solch ein einzelnes Bollwerk nichts taugte, weil die Fluten es seitwärts umspülten. Man mußte sich also mit seinen Nachbarn zusammentun, um gemeinsam eine derartige Schutzwehr zu errichten. Damit kam aber die Frage der Kosten ins Spiel, nämlich wer sich in welchem Umfang an ihnen beteiligte. Das gleiche gilt für die Freiwilligkeit der Teilhabe; denn wer sollte den zwingen, der sich wider besseres Wissen weigerte mitzumachen?

Auf diese Weise und sicher nicht so folgerichtig wie eben beschrieben kamen die Deichgenossenschaften zustande, Verbände der von Überflutungen bedrohten Grundbesitzer, die sich zu deren Abwehr zusammenschlossen. Jahrhunderte später merkte man, daß man auch den Abfluß des Regenwassers steuern mußte, weil die Gewässermündungen dem Meer bequemen Eingang boten. So entstanden die Siele und zu ihrer Unterhaltung die Sielgenossenschaften. Beide Verbände, Deich- und Sielachten, wie man sie in Ostfriesland nennt, wurden zu einer hohen Schule des Gemeinschaftsdenkens.

Zäh und still bahnte sich derweil das christliche Denken seinen Weg in die Herzen der Bevölkerung. Erst um 1200 kann man wohl diesen Prozeß als abgeschlossen ansehen. Wo und wann die ersten Kirchen gebaut wurden, entzieht sich unserer Kenntnis; denn sie waren aus Holz, und ihre Reste sind zumeist im Boden der aus Stein errichteten Nachfolgebauten vergangen. Ein Schlaglicht im Quellendunkel, das erste feste Datum zur ostfriesischen Geschichte, bedeutet die Genehmigung der Gründung des Kanonikerstiftes Reepsholt durch Kaiser Otto II. am 9. Juni 983, einem Tag, dem die eigentliche Errichtung nicht allzuweit vorangegangen sein kann. Reepsholt gehört mit einigen anderen Stiften zu Gründungen des Bremer Erzbischofs Adaldag, der sich Stützpunkte geistlicher wie weltlicher Art, die man im Mittelalter nicht unterscheiden darf, in seinem Sprengel schaffen wollte. Überhaupt scheinen die Erzbischöfe von Bremen ihren östlichen

Teil der ostfriesischen Halbinsel schneller und besser kirchlich versorgt zu haben als die Bischöfe von Münster ihren westlichen Teil, was wohl einfach aus der geringeren Entfernung zum Bischofssitz zu erklären ist.

»Länder«, Klöster und Häuptlinge

Um 1200 beginnt sich der Nebel, der bisher die Vergangenheit Ostfrieslands umhüllt, so weit zu lichten, daß ein Blick auf das ganze Land möglich wird. An erster Stelle sind da die »terrae«, die Länder, zu nennen, deren Namen noch heute in Gemeinden und Landschaften Ostfrieslands weiterleben. Wir finden sie im ganzen Friesland. Es sind kleinräumige Zusammenschlüsse von Einwohnern, die zur Wahrung des inneren Friedens aus ihrer Mitte einige Männer wählen, welche die Rechtspflege übernehmen. Damit verbunden kommt es zur Aufzeichnung der örtlichen Rechtsgewohnheiten, nachdem gegen Ende des 11. Jahrhunderts die sogenannten »17 Küren« die Grundsätze des friesischen Rechts festgehalten hatten. An bestimmten Markttagen und -orten wurde Recht gesprochen, so daß wir nun jedem Land einen Hauptort zuordnen können.

Auf der ostfriesischen Halbinsel sind es die Länder Rüstringen mit Varel, Östringen mit Jever, Wangerland mit Wittmund, Harlingerland mit Esens, Norderland mit Norden, Brookmerland mit Marienhafe, Emsigerland mit Emden, Auricherland mit Aurich, Lengener Land mit Remels, Moormerland mit Leer, Rheiderland mit Weener, das Overledingerland und das Saterland. Diese Länder können in Viertel unterteilt sein, und die darin gelegenen Kirchspiele sind — wenn es mehrere sind — gelegentlich von lokalen Besonderheiten nicht frei. Die Länder treten als eigene Rechtspersönlichkeiten auf, sie haben einen christlichen Patron, gebrauchen Siegel und schließen Verträge. Sie können auch Fehden führen, wie etwa 1271 gegen den Bischof von Münster, dem es um die Durchsetzung seiner Landeshoheit in seinem geistlichen Sprengel ging, ein Unternehmen, das mit der »Bischofssühne« von 1276 zuungunsten des geistlichen Herrn ausging.

Westlich von Aurich liegt der Upstalsboom, der Ort, an dem sich bis in das 14. Jahrhundert hinein Abgesandte aller friesischen

Länder trafen, um ihre gemeinsamen Angelegenheiten zu verhandeln. Das waren nicht nur Rechtsansprüche zwischen Bewohnern verschiedener Länder, die ausgeglichen werden mußten, um Fehden zu vermeiden. Darüber hinaus gibt es Zeugnisse gemeinsamen Auftretens nach außen, einer »tota Frisia«, eines ganzen Frieslands, unter anderem im Gebrauch eines Siegels. Festere Formen, wie etwa bei der Eidgenossenschaft der schweizerischen Urkantone, deren Freiheit man gern mit der friesischen vergleicht, hat dieser Bund aber nicht angenommen. Wie die Schweizer waren die Friesen in ihrer Königsferne von Herren bedroht, die ihr Territorium zu festigen wünschten, wie es im Zug der Zeit lag: seien es die Grafen von Holland oder der Bischof von Utrecht im Westen, der Bischof von Münster im Süden oder der Graf von Oldenburg im Osten.

Mit dem Grafen von Oldenburg ist die Gründungsgeschichte von Aurich verbunden, des jüngsten der größeren Orte hierzulande. Während Emden, Leer, Norden, Esens und andere auf ältere Siedlungen zurückgehen, ist Aurich allem Anschein nach in der ersten Hälfte des 12. Jahrhunderts von den Grafen von Oldenburg gegründet worden. Sie entzogen dem benachbarten Kirchdorf, wohin bis dahin die Einwohner der in der Auricher Geestinsel liegenden Dörfer eingepfarrt waren, die Kirche und stifteten auf dem Gelände der heutigen Lambertikirche in Aurich eine neue. In deren Nähe errichteten sie ein Steinhaus als Zeichen ihrer Macht. Zwischen diesen Herrschaftsbauten entstand die neue Siedlung. Um 1200 müssen die Grafen von Oldenburg — sicher nicht freiwillig — ihre Stellung in Aurich aufgegeben haben. Seitdem bildet das Auricherland einen besonderen Teil des Brookmerlandes.

Diese erfolgreiche Abwehr auswärtiger Herren hängt zusammen mit einem Anwachsen der Bevölkerung. In der allgemeinen deutschen Geschichte kennen wir die Folgen dieses Bevölkerungsanstiegs unter dem Schlagwort »Ostkolonisation«, und es ist gar nicht auszuschließen, daß auch die nach wie vor Seefahrt treibenden Friesen sich daran beteiligt haben. Die »Holländer«, auf deren Spuren man allenthalben bei der deutschen Kolonisation

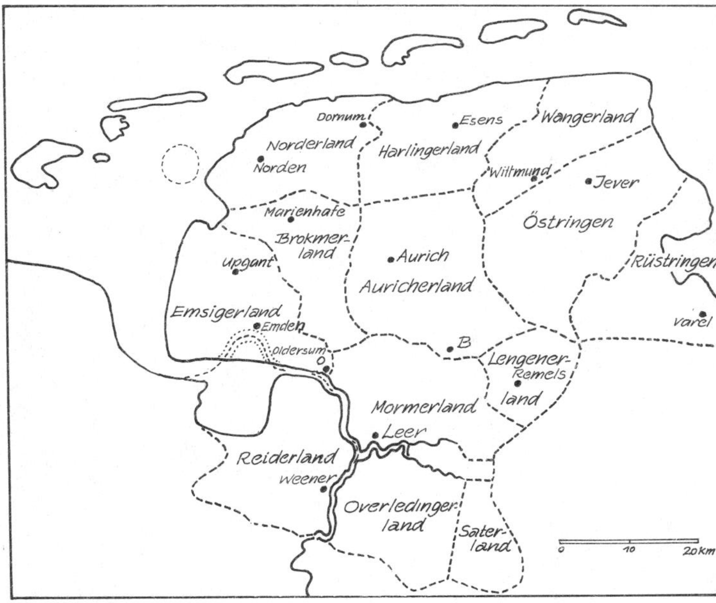

Die ostfriesischen Landesgemeinden im hohen Mittelalter

trifft, sind nichts anderes als die im Wasserbau besonders erfahrenen Friesen.

Im Inneren Frieslands selbst wirkt sich diese Bevölkerungszunahme in der sogenannten Geestrandsiedlung aus. Man beginnt, die seit vorgeschichtlicher Zeit besiedelten Räume zu erweitern, indem man sich auf schlechtere Böden vorarbeitet. Damit entsteht die eigenartige Form des »Upstreeks«, den mitteldeutschen Hagenhufen vergleichbare langgestreckte schmale Fluren, die von den nebeneinander liegenden Höfen in das Unland vorgetrieben werden. Vom dazugehörigen Upstreeksrecht wird noch die Rede sein.

Die Marsch wird in diesen Jahrhunderten erschüttert durch Sturmfluten mit großen Meereseinbrüchen, die teilweise heute noch bestehen. Sie enden um 1500 und werden durch Verlandungen abgelöst. So entsteht die gegenwärtige Küstenlinie. Die größten Landverluste geschehen in der Emsmündung mit dem Dollart, am Sielmönker Tief, in der Leybucht und in der Harlebucht und endlich am Jadebusen. Gegen Überschwemmungen dieser Art war die Deichbaukunst der Zeit noch hilflos. Über ein Dutzend Dörfer verschwanden beispielsweise in den Fluten des Dollarts, weniger an den anderen Einbruchstellen. Wenn wir bedenken, daß der friesische Handel eng mit der Marschenwirtschaft verbunden war, etwa durch die Ausfuhr von Mastochsen, so erklären diese Veränderungen der Küstenlinie den allmählichen Rückgang der friesischen Schiffahrt, die sich wie eh und je an der Küste und im Watt vollzieht. Dabei wurden die ostfriesischen Inseln als Ansteuerungspunkte wichtig; erstmals erwähnt werden sie 1398. Seit wann sie dauernd bewohnt worden sind, ist unbekannt.

Aus den Jahrzehnten um 1200 besitzen wir nun auch die ersten erhaltenen Kunstdenkmäler in Ostfriesland, allesamt kirchlicher Natur. In dieser Zeit ist die Einteilung des Landes in Pfarreien abgeschlossen, wobei sich im münsterschen Teil die eigenartige Institution des Laienpropstes herausbildet, d.h. daß die Vorgesetzten der Pfarrer eines Bezirks, einer Propstei, Laien waren, die ihr Amt vererben konnten, wie die Familie Abdena in Emden. Außer in rein geistlichen Angelegenheiten vertraten diese Pröpste den Bischof, der um der weiten Entfernung Münsters willen nicht nur die Beschränkung seiner weltlichen Hoheit, wie beschrieben, sondern auch der kirchlichen Macht hinnehmen mußte.

Der zunehmende Reichtum erlaubte es, seit der zweiten Hälfte des 12. Jahrhunderts steinerne Kirchen anstelle hölzerner zu errichten. Man begann mit Granit von Eiszeitfindlingen, die zu Quadern behauen wurden. Solche Kirchen stehen noch in Middels, Buttforde, Marx und Asel und dem diesen Orten benachbarten Jeverland, allesamt wuchtig und schmucklos. Da die Bearbeitung des Granits große Mühe machte, versuchte man ihn durch Tuffstein zu ersetzen, der aus dem Rheinland herbeigebracht wurde. Tuffsteinkirchen stehen noch in Arle, Nesse und Stedesdorf und — einzigartig — in Leer als Rest eines Gotteshauses, das man auf Liudger zurückführen will, die Krypta auf dem reformierten Friedhof.

Der Tuffstein war dem rauhen Seeklima nicht gewachsen, und erst die Übernahme der Ziegelbaukunst brachte das rechte Material. In rascher Folge entstehen nun im 13. Jahrhundert Kirchen von teilweise überwältigender Größe, wie in Marienhafe. Sie sind Ausdruck des Selbstbewußtseins der Gemeinde oder des Landes. Auch der Gedanke des Wettbewerbs gegenüber den Nachbarn wird eine Rolle gespielt haben. Im Ergebnis weist Ostfriesland eine große Zahl von Kirchen des Hochmittelalters auf in einer Dichte, wie selten in Deutschland. Um so überraschender ist das völlige Fehlen der Klosterkirchen.

Der Grund dafür wird im Kapitel über die Reformation anzuführen sein. Es gab an die dreißig Klöster, deren erste um 1200 Benediktiner und Prämonstratenser gründeten. Dies ist recht spät im Vergleich zu anderen deutschen Landschaften. Ein Grund dafür liegt sicher im Fehlen von adligen Familien, die sonst Klöster zu ihrem Seelenheil stifteten. Ob nun das wachsende Selbstbewußtsein die friesischen Länder zu solchen Gründungen veranlaßt hat, wissen wir nicht. Eine Klosterstiftung kommt nicht von ungefähr; Land muß bereitgestellt werden, und man muß einen Orden finden, der bereit ist, Angehörige ins Land zu schicken. Nach den Missionaren kamen damit wieder einmal Fremde hierher, um mit ihren Erfahrungen zur Entwicklung beizutragen. So ist es durchaus möglich, den Beginn der Ziegelproduktion darauf zurückzuführen.

Die Benediktiner gründeten Klöster in Marienthal vor Norden, Thedinga vor Leer, Esingfelde — später Marienkamp genannt — bei Esens, Sielmönken in der Krummhörn und Meerhusen bei Aurich. Alle diese Anstalten waren — einzig in Deutschland — Doppelklöster für Männer und Frauen, von denen nur Marienthal und Thedinga die Reformation erlebten. Meerhusen wurde um 1225 von den Zisterziensern übernommen, die für die Männer ein neues Kloster in Ihlow einrichteten. Meerhusen und Ihlow liegen im Nordosten und Südwesten am Rande der Auricher Geestsiedlungskammer und genau zwischen ihnen die neue Siedlung Aurich. Ob das bloßer Zufall ist, mag man bezweifeln. Die Prämonstratenser gründeten Doppelklöster, aber auch reine Männer- oder Frauenklöster, so in Palmar, Barthe, Langen und Aland. Palmar und Langen sind den Dollarteinbrüchen zum Opfer gefallen.

Aus alledem können wir auf einen stetigen Aufschwung in den Jahrhunderten zwischen 1200 und 1500 im Lande schließen, der nur gelegentlich unterbrochen wurde durch Naturkatastrophen wie Sturmfluten oder die Pest, welche in der Mitte des 14. Jahrhunderts wütete und manches Dorf wüst legte. Die Landwirtschaft war nach wie vor Grundlage des alltäglichen Lebens, das sich in kleinen Siedlungen abspielte. Größere Orte mögen Weener, Leer, Emden, Esens und Jever gewesen sein, die aber keineswegs schon städtischen Charakter angenommen hatten. Das Handwerk diente vor allem den landwirtschaftlichen Bedürfnissen; irgendeine Produktion zum Zweck der Ausfuhr gab es nicht, schon allein aus dem Mangel an Bodenschätzen. Der Handel beschränkte sich weitgehend auf den allerdings wesentlichen Export von Vieh und Viehprodukten und den Import der notwendigen Vorräten an Ton- und Eisenwaren.

Kulturgeschichtlich sehr wichtig ist in diesem friesischen Spätmittelalter der allmähliche Verlust des Gebrauchs der friesischen zugunsten der niederdeutschen Sprache, ein Prozeß, der sich bis in das 17. Jahrhundert hineingezogen hat. Der gleiche Vorgang ist im benachbarten Groningerland festzustellen. Der Grund für diesen Umbruch ist unbekannt, doch erinnern wir uns, daß beide Gebiete gemeinsam das östliche Friesland der karolingischen »Lex Frisionum« bildeten. Mit dieser Sprachwandlung zerbrach die Einheit der Frieslande; denn das heutige Westfriesland jenseits der Lauwers erhielt sich seine friesische Sprache bis jetzt. Hierzulande und in Groningen ist sie bis auf Namensformen und Spuren im Dialekt untergegangen.

In diese Welt tritt seit der Mitte des 14. Jahrhunderts der »capitalis«, wie er lateinisch, oder »hovetling«, wie er niederdeutsch heißt, der Häuptling, wie wir ihn notgedrungen bezeichnen müssen. Er ist die ostfriesische Abart des spätmittelalterlichen Ritters, dessen höfische Kultur in ihrer burgundischen Ausprägung nicht unbekannt geblieben sein wird. Ein Häuptling ist das Haupt, der Anführer einer Gruppe von Abhängigen, von denen er nur wenige besoldet, weil er die meisten durch seinen Reichtum und sein Ansehen, durch seine Autorität beherrscht. Wie kommt es bei den freien Friesen dazu? Der wachsende Wohlstand hatte mehr als bisher einzelne Tüchtige begünstigt, die sich anheischig machten, den Schutz ihrer Umgebung zu übernehmen. Zur Bezeugung ihres Ansehens bauen sie sich ein festes »Haus«, meist einen Wehrturm mit Wirtschaftsgebäuden, wie wir ihn etwa in Bunderhee noch erkennen können. Neu ist nun — und darin sind die Häuptlinge dem adligen Denken der Zeit ganz nah —, daß man an die Familie denkt, daß man seine Macht auf den Sohn vererben will und mit der Verheiratung der Töchter Politik macht.

Eine solche Familie waren die tom Brook, Häuptlinge im Brookmer- und Auricherland. Ocko I. hatte sich als junger Mann im Königreich Neapel umgesehen und dort den Ritterschlag erhalten, kehrte nach dem Tode seines Vaters Keno zurück und baute dessen Erbe aus. Er ist dabei ganz skrupellos und scheut sich auch nicht, sein »eygenlicken goede« 1381 dem Herzog Albrecht zu Bayern als Grafen von Holland zu Lehen aufzutragen, d.h. sich in dessen Abhängigkeit zu begeben. Dabei war er sich durchaus bewußt, daß diese nicht eintreten würde. Aber seine Herrschaftsrechte im Lande haben als Lehen den Anschein eines eigenen Besitzes. Ocko errichtete in Aurich eine neue Burg auf dem Standort des jetzigen Schlosses, in der er 1389 starb.

Die ostfriesische Geschichte dieser Jahrzehnte bildet ein verwirrendes Hin und Her, dessen Einzelheiten der Geschichtsschreiber Beninga in der ersten Hälfte des 16. Jahrhunderts getreulich aufgezeichnet hat. Ihre dramatischen Zuspitzungen mit abenteuerlichen Gestalten wie der »quaden Foelke« sind tief ins ostfriesische Geschichtsbewußtsein eingedrungen. Zum ersten Male nämlich ist die historische Überlieferung so beschaffen, daß die Menschen in ihren Vorzügen und Fehlern lebendig werden und nicht nur Schatten auf totem Papier bleiben.

Der Aufstieg der Familie Cirksena

Mit diesem Kapitel hört die ostfriesische Geschichte auf, sich mit sich selbst zu beschäftigen; Europa wird immer enger, und das kleine Land auf der ostfriesischen Halbinsel immer mehr Ziel äußerer Einwirkungen. Das erkannt und sich zunutze gemacht zu haben, ist die Größe des Häuptlings Ulrich Cirksena, des ersten Grafen von Ostfriesland.

Die Entwicklung beginnt genau im Jahre 1400 mit einer spektakulären Expedition der Hansestädte Hamburg und Lübeck in die Emsmündung und ihr Hinterland, um die Vitalienbrüder zu bekämpfen. Das war eine Kampfgenossenschaft von Söldnern, die — vielleicht im heimlichen Auftrag der Hansestadt Bremen — den hansischen Handel zwischen den Niederlanden und Hamburg und weiter der Ostsee störten und in den kleinen Landeplätzen der Krummhörn, auch bei den Cirksena in Greetsiel, Unterschlupf fanden. Späteren Jahrhunderten erscheint diese Zeit, in der Seefahrt und Seeraub nicht streng getrennt waren, undeutlich aber romantisch verklärt. Man erhob Störtebeker, einen Anführer der Vitalienbrüder, zu einem großen Abenteurer. Seinen sagenhaften Reichtum soll er in Marienhafe, wo er den Kirchturm habe bauen lassen, versteckt gehalten haben. Diese Legende ist nichts weiter als eine verständliche Reaktion auf diesen einst höchsten Bau im Lande.

Seit 1400 also hat Hamburg großes Interesse an Ostfriesland, das soweit führt, daß die Stadt sich 1433 in Emden festsetzt mit dem Ziel, eine Art Landesherrschaft in deren weiterer Umgebung einzurichten. Das Vorgehen trifft auf inneren und äußeren Widerstand. Imel Abdena, der von den Hamburgern verjagte Häuptling von Emden, bedient sich der Hilfe der Stadt Groningen, indem er sich den stets in der Hanse vorhandenen Handelsneid zunutze macht. In Hamburg selbst rechnete man nüchtern wie heute und fragte sich: Was kostet uns dieses Unternehmen? Und siehe da, es erwies sich als zu teuer. Darum bestellte man 1439 die Brüder Edzard und Ulrich Cirksena zu Verwaltern und zog sich selbst aus Ostfriesland zurück.

Die Cirksena hatten sich den Hamburgern als gute Helfer bei der Ausdehnung ihrer Herrschaft empfohlen. Ihr Hauptsitz war Greetsiel, und sie hatten sich gerade in diesen dreißiger Jahren, als die Landesgemeinden in einer Art Trotzreaktion gegen den Übermut der Häuptlinge ihre genossenschaftliche Struktur wiederbelebt hatten, vielerorts zu Schutzherren dieser »meenen meente« erheben lassen, also stärkeren Einfluß im Lande erlangt. Edzard starb 1441, womit der Weg für Ulrich frei war.

Diesem Zweitgeborenen hatten die Eltern den in der mütterlichen Familie überlieferten hochdeutschen Namen gegeben, als hätten sie gewußt, daß er einst Ostfriesland zu Deutschland bringen würde. Nichts scheint in seinem Leben dem Zufall überlassen, alles wohlbedacht zu sein: wenn er beispielsweise Theda, seine Cousine dritten Grades heiratet, holt er sich den nach Kirchenrecht erforderlichen Dispens nicht bei dem zuständigen Bischof in Münster, mit dem er in weltlichen Dingen in Streit lag, sondern wie alle großen Herren in Rom bei dem Papst. Wenn Politik die Kunst ist, das Richtige zur rechten Zeit zu tun, so war er darin ein Meister. Er verstand es auch, sich zurückzuziehen, wie etwa 1447, als die Stadt Hamburg ihm die Verwaltung Emdens nahm und sich wieder in die dornigen Verhältnisse Ostfrieslands einmischte. Ulrich ließ die Hamburger sich abmühen, bis sie ihm 1453 ihre Herrschaft für 10 000 lübische Mark verpfändeten.

Für die damalige Zeit war das eine hohe Summe, und Ulrich unterschied sich von seinen Nachfolgern auch dadurch, daß er zur richtigen Zeit Geld hatte. Steuern konnte er nicht erheben, von wem denn auch? Er verfügte über die Erträge seiner Grundherrschaft und seines Handels, und es mögen ihm auch gewisse Gelder aus der Rechtswahrung zugeflossen sein, die seine Beauftragten, um den Begriff Beamte zu vermeiden, in seiner Herrschaft ausübten. Was ihm zu deren Festigung, zumal gegen die wieder wach gewordenen münsterschen Ansprüche, fehlte, war dem »Häuptling in Ostfriesland« Ulrich Cirksena bewußt: die Gleichberechtigung gegenüber Territorien wie dem Stadtstaat

Hamburg oder dem Hochstift Münster. Auch Ostfriesland mußte also ein besonderes Glied des Heiligen Römischen Reiches Deutscher Nation werden.

Dafür brauchte er dessen Oberhaupt, den Kaiser Friedrich III. Ihm mußte man glaubhaft versichern — denn wie sollte er es nachprüfen? —, daß man ein Eigengut besaß, reichsunmittelbar und frei von anderen Abhängigkeiten, groß genug, um eine Grafschaft darzustellen. Das taten Ulrichs Abgesandte, und ihre niederdeutsche Grenzbeschreibung wurde unbesehen in die hochdeutsche Urkunde aufgenommen: »von der Westeremse osterwards biss an die Weser, von der see zutwert biss an die teutschen palen«. Das ist die ganze ostfriesische Halbinsel, wobei der Ausdruck »Westeremse« den bis heute vertretenen Anspruch begründet, daß die Grenze zu den Niederlanden am Westrand der schiffbaren Unterems verläuft. Die deutschen »palen« sind die Grenzpfähle gegen das südlich und östlich von Ostfriesland liegende Land, das noch heute im Dialekt »Düütschland« heißt.

Über das mit Absicht so ungenau abgegrenzte Gebilde wurde Ulrich am 1. Oktober 1464 zum Grafen »in« Ostfriesland erhoben und damit vom kaiserlichen Rat Johann von Schaumberg am 23. Dezember desselben Jahres in Emden namens des Kaisers belehnt. Die meisten Häuptlinge Ostfrieslands erkannten diesen neuen Lehnsherren in der Folgezeit an. Von dem Bischof im Münster war kein lauter Widerspruch gegen die Verletzung seiner Rechte zu vernehmen. Wer weiß, was Ulrich alles noch erreicht hätte, wäre er nicht schon 1466 gestorben. Seine Witwe Theda schaffte es, seinen Söhnen das Erbe nicht nur ungeschmälert, sondern erweitert um das 1474 erworbene Amt Friedeburg zu übergeben.

Ostfriesland hatte nun einen Grafen, der sein Land von seinen Burgen aus zu verwalten begann: Greetsiel, Norden und Berum, Emden und Aurich, Leerort und Stickhausen wurden die Keimzellen der späteren Ämter. Die Befehlshaber ihrer Besatzungen, die Drosten, waren gräfliche Vertrauensleute. Die geringe Schreibarbeit erledigten geistliche Personen, wie Pfarrer oder Mönche aus der Nachbarschaft. Bevorzugter Aufenthaltsort der gräflichen Familie wurde Norden, wo Ulrich I. seit 1445 an die Ludgerikirche einen Hochchor nach dem Muster der Martinikirche in Groningen anbauen ließ, und wo die Kirche des nahegelegenen Klosters Marienthal das Erbbegräbnis bot. Im Kloster selbst wurden die gräflichen Töchter erzogen.

Norden und nicht Emden ist darum die bevorzugte Stadt. Emden macht damals die ersten zaghaften Schritte zu seiner späteren Größe im nächsten Jahrhundert. Die Hamburger hatten der Stadt das Stapelrecht hinterlassen, eine in allen Hansestädten übliche Einrichtung, die alle durchreisenden und vorbeifahrenden Kaufleute verpflichtete, drei Tage lang ihre Waren in dem Ort zu »stapeln«, d.h. zum Verkauf anzubieten. Für Emden wurde dieses Recht zu einer Goldgrube angesichts des immer lebhafteren Zustroms nicht nur an Menschen, sondern an Waren, die aus Westfalen die Ems abwärts kamen. Für Norden wie für Emden kennen wir keine ausdrückliche Stadterhebungsurkunde; doch ist Emden auch im rechtlichen Sinne Stadt in der zweiten Hälfte des 15. Jahrhunderts. Zu einer Stadt gehören Bürgermeister und Rat und ein Rathaus, in dem die untere Gerichtsbarkeit ausgeübt wird, der die Alltagshändel unterliegen. 1494 bestätigt Kaiser Maximilian I. der Stadt das Stapelrecht, 1495 verleiht er ihr gar ein eigenes Wappen.

In die gleichen Jahre fiel auch die endgültige Abtrennung Ostfrieslands vom Hochstift Münster, das sich seine Rechte für 10 000 Gulden abkaufen ließ, wie es schon 1493 mit der Hansestadt Hamburg geschehen war. Dies war schon das Werk des Grafen Edzard I., des zweiten Sohnes Ulrichs I., der mit seinem jüngeren Bruder Uko dem älteren, Enno I., gefolgt war. Enno, kurz zuvor von einer Wallfahrt nach Jerusalem zurückgekehrt, war im Februar 1491 bei der Belagerung der Friedeburg in das Eis des Burggrabens eingebrochen und umgekommen. Er mußte die Burg umzingeln, weil der Drost Engelmann von Horsten seine Schwester Almuth dorthin entführt hatte. Niemand weiß im übrigen, ob sich die Brüder Enno und Edzard auf die Dauer vertragen hätten.

Graf Edzard I.

Graf Edzard I. »zu« nicht mehr »in« Ostfriesland, dem der Geschichtsschreiber Tileman Dothias Wiarda vor zweihundert Jahren in vaterländischer Begeisterung den Beinamen »der Große« zulegte, ist tief im heimischen Geschichtsbewußtsein verwurzelt. Das muß auf seiner bezwingenden Volkstümlichkeit beruhen, der es keinen Abbruch getan hat, daß er seinen Bauern nicht nur große Leiden, sondern auch aktiven Kriegsdienst außerhalb des Landes zugemutet hat, was wider alle friesischen Traditionen war. Anders als sein Vater ist er aber mit seiner Politik gescheitert, wenn auch nicht nur durch eigene Schuld.

Die Aufgabe war klar: sie hieß Unterordnung der ganzen ostfriesischen Halbinsel, also des Harlinger- und des Jeverlandes und des Landes Butjadingen. Edzard trug keine Bedenken, dafür einen kaiserlichen Lehnbrief auf das Jahr 1454 zu erfinden, worin im Unterschied zu dem echten von 1464 jene Länder mit Namen genannt wurden. Diesen Besitztitel ließ er sich 1495 auf dem Reichstag in Worms, wo keine Kontrolle durch die in Wien gebliebene Reichskanzlei möglich war, von Maximilian I. bestätigen. Obwohl die Fälschung ein voller Erfolg war, mußte sie durch Waffengewalt oder Verhandlungen verwirklicht werden. Edzard hatte bereits die Herrschaften Gödens, Inhausen und Kniphausen gewonnen, als plötzlich aus dem Westen Gefahr drohte.

Dort war der Herzog Albrecht zu Sachsen aufgetreten. Seit Jahren diente er dem Kaiser bei der Bekämpfung niederländischer Wirren, in die jener als Erbe der Herzöge zu Burgund verstrickt war. Nun ließ er sich 1498 als Ausgleich für seine Geldforderungen zum »Gubernator und Potestaten« von Friesland ernennen, wobei, absichtlich ungenau, dieses Friesland nahezu die ganze Nordseeküste umfaßte, auch die Grafschaft Ostfriesland, von deren Reichsunmittelbarkeit nicht mehr die Rede war. Edzard sah richtig, daß der Wettiner vom fernen Dresden aus eines Vertrauensmannes im Lande bedürfe, empfahl sich ihm als solcher und unterwarf sich. Auf diese Weise wurden seine Blicke nach der Stadt Groningen gelenkt, die Albrecht und — bis 1500 nach seinem Tode in Emden — sein Sohn Georg vergebens zu erobern trachteten. Endlich bediente Edzard sich der fortwährenden sächsischen Ungeschicklichkeiten, kündigte das Bündnis und warf sich 1506 zum Herrn von Groningen und seiner Umlande auf. Mit einem Schlag hatte er sein Herrschaftsgebiet verdoppelt mit unberechenbaren Aussichten für die Zukunft, wenn wir etwa bedenken, daß heute die deutsch-niederländische Grenze dieses Gebiet teilt.

Selbstverständlich fand dieses Vorgehen nicht den Beifall der Nachbarn, die sich zu einem einkreisenden Bündnis gegen Edzard zusammenfanden. Nachdem sie die Verkündung der Reichsacht gegen den ostfriesischen Grafen erwirkt hatten, zogen Edzards Feinde 1514 gegen ihn zu Felde. Von Osten kamen der Graf von Oldenburg, der seine alten Ansprüche auf Aurich nicht vergessen hatte, auf den neuen Grafen in Ostfriesland herabsah und seine Herrschaft nach Norden ausdehnen wollte, und der Herzog Heinrich zu Braunschweig und Lüneburg aus Wolfenbüttel, der die alten Bestrebungen seines Vorfahren Heinrichs des Löwen nach dem Erzstift Bremen und dessen Nachbargebieten aufgegriffen hatte. Von Westen her kämpften der Sachse und seine Verbündeten.

Eine perfekte Einkreisung! Der Krieg wurde, wie damals üblich, mit Landsknechten geführt, die Geld kosteten. Edzards Leistung besteht darin, die ostfriesischen Bauern dahin gebracht zu haben, über das als Landesaufgebot übliche Maß der Verteidigung hinaus, mit ihm Kriegszüge, etwa nach Groningen, zu unternehmen. Und dabei wurde Ostfriesland jetzt selbst Kriegsschauplatz mit allen Leiden der Unschuldigen, deren Opfer die Geschichte nicht würdigen kann, weil sie namenlos sind. Alle Anstrengungen wären wohl vergeblich gewesen, hätte nicht ein denkwürdiger Kanonenschuß am 23. Juni 1514 vor der Burg Leerort den Braunschweiger Herzog Heinrich getötet. Damit verloren die Gegner Edzards den treibenden Kopf. In dem sich bis 1518 hinziehenden Kampfe ging es für sie nur noch darum, ihr Ansehen zu wahren. So entrann der Graf von Ostfriesland der tödlichen Umklammerung, jedoch unter großen Opfern: Groningen und die Ommelande mußte er dem von ihm zu Hilfe gerufenen Herzog Karl zu Geldern überlassen, und Butjadingen nahmen endgültig die Grafen von Oldenburg von den Herzögen zu Braunschweig und Lüneburg zu Lehen.

Damit standen die Landesgrenzen Ostfrieslands im Westen und Süden fest. Offen blieben die Schicksale des Harlinger- und des Jeverlandes. Im Harlingerland saß die Familie Attena fest im Sattel, die sich dank ihrer Verwandtschaft den Cirksena gleich achtete und seit der Erhebung Ulrichs I. zum Grafen geschickt allen Unterwerfungsversuchen widerstanden hatte. Allen Fehden zum Trotz kam auch Edzard hier nicht weiter. Dagegen eröffneten sich ihm bestechende Aussichten im Jeverland, als dessen letzter Häuptling Christoph unvermutet 1517 starb und drei unmündige Schwestern hinterließ. Graf Edzard I. ergriff über sie eine Art Obervormundschaft und versprach den Mädchen Ehen mit seinen Söhnen, hatte aber, wie wir sehen werden, die Rechnung ohne den Wirt gemacht.

Edzard starb 1528 im Alter von 66 Jahren. Über ein Menschenalter hat er in Ostfriesland regiert, das, von lokalen Fehden und wenigen Kriegszügen abgesehen, in Frieden lebte. Diese ruhige Zeit förderte natürlich die Entwicklung des Landes. Edzard hat es verstanden, die ehemaligen Häuptlingsfamilien an der Regierung zu beteiligen, sei es als Drosten, sei es als Ratgeber oder auf hohen kirchlichen Stellen. Ihr Eigentum — die späteren Herrlichkeiten — blieb ausgespart bei der sich nun vollendenden Einteilung des Landes in Ämter. Bei deren Verwaltung gehen den Drosten jetzt schriftgelehrte Amtmänner zur Hand, ebenso wie die gräfliche Regierung von einem rechtskundigen Kanzler an der Spitze eines kleinen Stabes geführt wird. Aufgabe der Ämter ist die Eintreibung der dem Grafen schuldigen Gelder, vor allem der Pachten aus seinen Gütern, und die Wahrung des Landfriedens durch die niedere Gerichtsbarkeit. Um ihnen ein brauchbares Handbuch zu geben, ließ Edzard I. das zu seiner Zeit geltende Recht, eine interessante Mischung aus überliefertem friesischen und modernem römischen Recht, zusammenstellen. Er konnte nicht voraussehen, daß dieses Handbuch unverändert als »Ostfriesisches Landrecht« in Kraft bleiben würde, bis es formell 1808 aufgehoben wurde.

War es das goldene Zeitalter Ostfrieslands? Wenn man sich den Goldschmuck ansieht, den die reichen Friesinnen auf den Aquarellen des Hausbuches von Unico Manninga tragen, so kann man diese Frage ohne weiteres bejahen. Wenn man die Geldmittel bedenkt, die Edzard für seine Unternehmungen aufwandte, ohne sich und das Land zutiefst zu verschulden, so ist sicher, daß Ostfriesland damals reicher war als je in der Folgezeit. Und zum ersten Mal gibt es einen ostfriesischen Schriftsteller, einen Geschichtsschreiber, der sein Werk abfaßt für seine Heimat und zum Ruhme ihres Grafen: Eggerik Beninga (1490—1562), Häuptlingssohn und Rat der Grafen Edzard I. und Enno II., schrieb seine »Cronica der Fresen« unter betonter Berücksichtigung der neuen politischen Einheit Ostfrieslands. Aber das tat er in der zweiten Hälfte seines Lebens, als die Nachfahren Edzards bereits dessen Werk zu vertun begannen, und vielleicht erscheint uns heute die Regierungszeit des Grafen Edzard nur golden vor dem Hintergrund des späteren Verfalls.

Die Reformation und die Spaltung des Landes

Im letzten Lebensjahrzehnt des Grafen Edzard I. wurden die ostfriesischen Geistlichen von neuer Unruhe erfüllt. Die durch den Thesenanschlag des Dr. Martin Luther am Vorabend des Allerheiligenfestes 1517 ausgelöste theologische Diskussion, welche die Reformation einleitete, griff nach Ostfriesland über. Dem nüchternen, das Althergebrachte schätzenden Sinn der Einheimischen waren diese Dispute unheimlich. Überhaupt gilt für die ganze deutsche Reformationsgeschichte, daß man ja ursprünglich die katholische Kirche reformieren wollte und erst nach der von katholischer Seite begonnenen Gegenreformation einsah, daß man von ihr bereits geschieden war. Im 16. Jahrhundert blieb in den reformierten Landen noch viel von Wesenszügen und Denkarten der alten Kirche erhalten, Sache der Obrigkeit war es, wie schnell sie verschwanden. Noch sind Staat und Kirche eins: versagt der eine, leidet die andere.

Ein Lehrbeispiel liefert Ostfriesland. Weder Edzard I. noch seine Söhne und Enkel waren ebenso wie die Mehrheit der Einwohner an theologischen Themen interessiert. Um 1520 fingen einzelne Geistliche in den Städten an, Predigten im Sinne Luthers zu halten. Einige Adlige, wie z.B. Ulrich von Dornum, ließen solche Predigten auch in ihren Herrlichkeiten zu. Alsbald geriet die Bewegung unter den Einfluß des Landes, das von nun an immer stärker Ostfriesland über zwei Jahrhunderte lang beeinflussen sollte: der Vereinigten Niederlande, namentlich ihrer nördlichen Provinzen, in denen unter spanischem Druck die Reformation nur langsam vorankam. Immer wieder trugen niederländische Flüchtlinge in Ostfriesland ihre manchmal verwirrenden Lehren vor. So stritten sich hier Anhänger Luthers, Karlstadts und Zwinglis, und so predigten Melchior Hofmann und Menno Simons die Lehre der Wiedertäufer.

Die Cirksena sahen zu. Enno II., der Edzard I. gefolgt war, mußte mit den Ansprüchen seines Bruders Johann fertigwerden, der wie alle nachgeborenen Fürstensöhne der Zeit nicht einsehen wollte, daß eine Landesherrschaft nicht eine beliebig teilbare Gutsherrschaft ist. Noch zu des Vaters Lebzeiten verspielten beide die von jenem angebahnte jeversche Erbschaft. Sie hielten sich nicht an das von Edzard eingegangene Heiratsversprechen, sondern setzten den jeverschen Damen den Drosten Boing von Oldersum als Aufpasser ins Haus. Mit Recht waren diese beleidigt, und eine von ihnen, das Fräulein Maria von Jever, vertraute sich dem Drosten an, der nun den ostfriesischen Grafen den Dienst aufsagte. Maria trug die Herrschaft Jever dem Kaiser Karl V. als Herzog zu Burgund zu Lehen auf und geriet auf diese Weise in einen für die Grafen von Ostfriesland nicht überwindbaren Schutz. Nach ihrem Tod vermachte sie ihr Ländchen den Grafen von Oldenburg, womit der Versuch der Cirksena, die ostfriesische Halbinsel zu vereinigen, für immer fehlgeschlagen war.

Auch im Harlingerland kamen die Cirksena nicht weiter. Der letzte Häuptling, Junker Balthasar, half sich gegen ihre Nachstellungen schließlich damit, daß er wie die Nachbarin Maria seine Herrschaft einem Mächtigen zu Lehen auftrug, nämlich dem Herzog Karl zu Geldern. Dieser zwang in der Geldrischen Fehde von 1533 auf 1534 den Grafen Enno II., Balthasars Unabhängigkeit anzuerkennen. Einige Jahre darauf geriet der Junker in Fehde mit der Hansestadt Bremen, deren Handel er durch Kaperei arg belästigte, denn wir dürfen nie vergessen, daß man erst in diesem Jahrhundert Seeraub von Seehandel zu trennen begann. Bremen erwirkte die Reichsacht gegen Balthasar, der 1540 in der von seinen Gegnern belagerten Stadt Esens starb. Durch seine Schwester erbten die Grafen von Rietberg aus dem nördlichen Westfalen das Harlingerland, wo sie anders als in Ostfriesland die Reformation im lutherischen Sinne schnell durchsetzten.

Praktischen Nutzen zogen derweil die Grafen Enno II. und Johann aus den Disputationen um den geistlichen Nutzen der Klöster, indem sie diese von Mai 1529 an nach und nach aufheben ließen. Die Insassen wurden abgefunden, unter anderem mit Pfarrstellen, und die Klostergüter dem gräflichen Eigentum zugelegt.

Bei der Verteilung fiel auch für diesen oder jenen Helfer etwas ab, und vielleicht, um die Unordnung bei dieser Räuberei zu vertuschen, wurden nicht nur die Klöster buchstäblich von der Erde getilgt, indem man ihre Gebäude — einschließlich aller Kirchen — bis auf die Fundamente abbrach, sondern man beseitigte auch ihre Archive, damit niemand mehr nach alten Klosterrechten forschen konnte. Man war sich damals selbstverständlich nicht bewußt, daß man so einen erheblichen Teil der ostfriesischen Geschichtsüberlieferung vernichtete und vieles aus dem Mittelalter auf ewig unbekannt bleiben würde. Die Klosterbibliotheken verschwanden ebenfalls, desgleichen die Ausstattung der Kirchen an Bildern und Kultgegenständen, wenn man sie nicht verwerten konnte, wie den neuen Altar des Klosters Ihlow für die Stadtkirche in Aurich.

Auch das Kloster Marienthal in Norden, bisher das gräfliche Hauskloster, verging. Enno II. ließ die dort begrabenen Cirksena nach Emden überführen, wo er in der Großen Kirche ein neues Erbbegräbnis eröffnete. Er selbst begann dauernd auf der Burg in Emden zu residieren, um die Stadt in ihrem sich abzeichnenden Aufschwung nicht sich selbst zu überlassen. Sein Bruder Johann ließ sich von ihm abfinden, ging in die Niederlande, heiratete dort eine außereheliche Tochter des Kaisers Maximilian I. und bekannte sich wieder zum Glauben der katholischen Kirche. Enno seinerseits hatte 1530 die Gräfin Anna von Oldenburg geehelicht, die für ihre unmündigen Kinder die Regentschaft übernahm, als ihr Mann 1540 schon mit fünfunddreißig Jahren starb. Dabei mußte sie sich ihres Schwagers Johann erwehren, der erneut im Lande erschien und katholisierenden Neigungen das Wort redete.

Im Jahre 1540 trat ein merkwürdiger Mann in Ostfriesland auf, der polnische Adlige Johannes Laski, lateinisch a Lasco genannt, ein hochgebildeter Freund des Erasmus von Rotterdam, zuvor katholischer Priester in Polen und dort gutbepfründet. Gräfin Anna ernannte ihn 1543 zum Superintendenten. In wenigen Jahren hat der offensichtlich organisatorisch hochbefähigte a Lasco dem hin und her schwankenden ostfriesischen Kirchenwesen Stützen eingezogen, die noch lange hielten, wie den Emder Kirchenrat und den Coetus der Prediger. Aber a Lasco war kein Freund Luthers, und seine Ordnungen führten dazu, daß sich im Westen Ostfrieslands und namentlich in Emden die calvinistische Form der Reformation durchsetzte. Im Osten galt eher die vom Luthertum geprägte Kirchenordnung von 1535.

Als Kaiser Karl V. auf dem Höhepunkt seiner Macht im Reich nach dem Sieg über den Schmalkaldischen Bund 1548 das sogenannte Interim erließ, eine Verordnung, die das Fortschreiten der Reformation hemmen sollte, mußte auch a Lasco Ostfriesland verlassen. Nach dem Religionsabschied des Augsburger Reichstages von 1555, der den Landesherren freie Hand bei der Regelung der Religionsausübung in ihren Territorien gab, blieb Ostfriesland im Schwebezustand zwischen Lutheranern und Calvinisten. Man versuchte in theologischen Gesprächen zu einer Einigung zu gelangen; eher verfestigten sich jedoch die beiderseitigen Strukturen. Dabei gewann die Stadt Emden immer bestimmenderen Einfluß, nicht als gräfliche Hauptstadt, sondern als wirtschaftliches Zentrum.

Die Stadt Emden hat in den hundert Jahren zwischen 1500 und 1600 einen Aufstieg in schwindelnde Höhen erlebt, für den sie in den nächsten zweihundert Jahren mit einem ebensolchen Abstieg büßen mußte. Ihre Bürger wollten das nicht wahrhaben und waren immer stolz darauf, etwas Besonderes zu sein. Die Gründe für den Aufschwung liegen im niederländischen Seehandel, der sich vor 1500 immer gewichtiger an der Ostseefahrt beteiligt hatte. In den vielen Kriegen, die Spanien – und damit die Niederlande – mit Frankreich im 16. Jahrhundert führte, ergab sich für Emden die Rolle eines Neutralen, der an die Stelle der von Kaperei bedrohten Niederländer trat. Hauptsächlich wurden Getreide aus dem Osten und Salz und Tuche aus dem Westen gehandelt. Die Zeit der reinen Watt- und Küstenschiffahrt ist damit für die Ostfriesen vorbei, denn auch Seefahrer aus Greetsiel oder Norden beteiligten sich an diesem Verkehr.

Nun soll nicht übersehen werden, daß seit 1509 eine Entwicklung, ja ein Verhängnis, in Gang gekommen war, das der Stadt Emden noch heute zu schaffen macht. Damals erreichte der Dollart bei einer Sturmflut nicht nur seine größte Ausdehnung, sondern die Ems durchbrach ihre Deiche bei Pogum. Anstatt wie bisher nach Emden abzubiegen, suchte sich der Fluß einen geraden Weg zum Meer. Dem zu wehren, erbauten die Emder im späteren 16. Jahrhundert das Nesserlander Höft, eine Holzpalisade, um den alten Emsstrom nach wie vor zur Stadt hin zu zwingen. Es war ein Kampf gegen die Natur, den die Menschen eines Tages verlieren sollten.

Bezeichnend für den raschen Aufstieg Emdens ist auch, daß seit — wahrscheinlich — 1530 und sicher 1571 sich Juden dort nachweisen lassen, die sich in dem Stadtteil Faldern niederließen. Dieser stand im 16. Jahrhundert unter gräflicher Hoheit; den Cirksena lag daran, die ihnen nach Reichsrecht schuldigen Judenschutzgelder einzunehmen. Emden selbst sah zunächst die Fremden scheel an, bis die Stadt selbst das Schutzgeld eintreiben durfte. Von Emden aus haben sich im 17. Jahrhundert die Juden in Ostfriesland verbreitet. Durchweg blieben sie arm wie ihre christlichen Mitbewohner, außer dem ›Hofjuden‹, der in der Residenz Aurich nicht fehlte.

Die Stellung Emdens in Ostfriesland wird also immer gewichtiger. Die gräfliche Familie erleichtert der Stadt diese Haltung durch den Streit der drei Söhne des Grafen Enno II.: Edzard II., Johann und Christoph. Im Widerspruch zu der schon von Edzard I. fest-, aber nicht durchgesetzten Erstgeburtsordnung verschaffte die Mutter den Nachgeborenen auch die kaiserliche Belehnung. Christoph fiel 1566 im Türkenkrieg; Edzard II. wurde in seiner Haltung bestärkt durch seine Gemahlin Katharina, die Tochter des schwedischen Königs Gustav I. Wasa, die einzige Königstochter, die ein Graf von Ostfriesland geheiratet hat. Zwischen ihm und seinem Bruder Johann kam es zu bitteren Auseinandersetzungen, in denen die ostfriesischen Stände ihre erste Bewährungsprobe erlebten.

Ständeherrlichkeit

Landstände als Vertreter der Bevölkerung gab es im ganzen alten Deutschen Reich. Mit der gegenwärtigen Repräsentativ-Demokratie haben sie nur gemein, daß manche Parlamente, wie etwa der Landtag von Baden-Württemberg, sich auf ansehnliche ständische Vorgänger berufen können. Im allgemeinen sind die Stände die Vertreter von Adel, Geistlichkeit und Bürgern und damit nur der Bevorrechteten unter der Einwohnerschaft eines Landes. Sie repräsentieren dieses Land auch, wenn es geteilt wird – wie etwa Mecklenburg – oder mit anderen Ländern vereinigt wird, wie beispielsweise Österreich. Ihre Hauptaufgabe ist die Bewilligung von Steuern, deren Einkünfte der Landesherr neben denen aus seiner Eigenwirtschaft nötig zu haben glaubt. Je besser also ein Landesherr wirtschaftete, um so weniger bedurfte er seiner Landstände; und umgekehrt, je schlechter es um seine Finanzen bestellt war, desto mehr Macht fiel den Ständen zu. Dieses dem Gesetz von den kommunizierenden Röhren gleichende ständische Wesen wurde von den absolutistischen Landesherren Europas seit dem 17. Jahrhundert immer mehr überspielt, solange es ihnen möglich war. Bekanntlich begann auch die Französische Revolution mit der Berufung der seit 175 Jahren nicht mehr geladenen Stände.

In Ostfriesland ist das ein wenig anders. Dort gibt es erst seit 1464 einen Landesherrn, der mit seinen eigenen Einkünften auskommen muß. Erinnern wir uns, daß ein ostfriesischer Häuptling sein Ansehen auf seine größere wirtschaftliche Macht gründete. Die ersten Grafen zogen die anderen Häuptlinge, soweit diese wollten, zu Dienst und Beratung heran: mit diesen Aufgaben zeichnet sich seit dem Anfang des 16. Jahrhunderts der spätere erste Stand, die Ritterschaft, in groben Umrissen ab. Vor der Aufhebung der Klöster ist in diesem Zusammenhang auch noch vom Prälatenstand die Rede. Nach seinem Verschwinden wird der in

Deutschland übliche dritte Stand, die Bürger, in Ostfriesland zum zweiten. Als »Inwonere« werden sie 1537 erstmals deutlich: Bewohner der Städte Emden, Norden und — seit 1539 — Aurich. Und 1551 werden zuerst, als dritter Stand, die »Huisluide« erwähnt, die Vertreter der Bauern.

Dies ist nun wirklich eine ostfriesische Eigentümlichkeit, daß man die Bauern als besondere Gruppe an den Landständen teilnehmen ließ. Die alte Landesgemeinde des 14. Jahrhunderts, die mit ihren besonderen Bauerrechten nie erloschen war, kam wieder zur politischen Geltung. Im ersten Stand, der Ritterschaft, waren alle Mitglieder stimmberechtigt; im zweiten wurden die Städte durch ihre Bürgermeister, die ihrerseits nur von den stimmberechtigten, beileibe nicht allen Einwohnern gewählt worden waren, vertreten; und im dritten Stand wählten die einzelnen Kirchspiele ihre Abgeordneten, soweit sie deren Aufenthalt auf den Landtagen bezahlen konnten; Tagegelder kannte man nämlich nicht. Stimmberechtigt in den Gemeinden waren nur die »Interessenten«, d.h. die Hofbesitzer, die auf gleiche Weise auch ihren Pfarrer wählten.

Im letzten Drittel des 16. Jahrhunderts lebt Ostfriesland wirklich am Rand der Weltgeschichte, wie nie vorher und nie wieder, falls man dem 1566 ausgebrochenen bewaffneten Aufstand der sieben nördlichen Provinzen der Vereinigten Niederlande gegen Spanien den welthistorischen Charakter nicht absprechen will. Die Flucht der Niederländer in das neutrale Ostfriesland, nicht nur nach Emden, nimmt zu. Auf der Ems tummeln sich holländische Freibeuter, die Wassergeusen, mit stiller Unterstützung aus dem Lande. Englische Kaufleute, nämlich die große Gesellschaft der Merchant Adventurers in London, unterhalten zeitweise eine Handelsniederlassung in Emden. Die Emder Flotte wächst zu unvermuteter Größe. Wieviel man jedoch in der Stadt durch Lieferungen für die Kriegführenden verdiente, weiß niemand.

Ein profitierender Neutraler ist bei den streitenden Parteien nie beliebt. Wilhelm von Oranien, das Haupt der niederländischen Rebellion, denkt daran, Emden offen in seinen Kampf einzubeziehen; umgekehrt achten der Kaiser in Wien und der spanische Statthalter in Brüssel argwöhnisch auf die ihnen fragwürdige

Neutralität. Das Unglück will es, daß die für des Landes Wohlfahrt Verantwortlichen, die Grafen Edzard II. und Johann, nichts anderes zu tun haben, als einander von brüderlichem Herzen feind zu sein. So bleiben alle Vorteile, welche die Weltgeschichte damals Ostfriesland bot, ungenutzt. Das ist ein Beispiel für die immer wieder in der Geschichte zu beobachtende Erscheinung, daß menschliches Stückwerk sie beeinflußt und sie von vielen Torheiten zehrt. Aber wäre das nicht der Fall, so wäre Geschichte unmenschlich.

Dieser Bruderzwist war nur aus menschlichen Leidenschaften erklärlich und im Grunde sinnlos, weil Johann keine Nachkommen hatte, denen er etwas hätte hinterlassen können. Es kam soweit, daß Edzard II. seinen Rückhalt bei den Lutheranern, Johann bei den Reformierten fand, so daß sich die religiös bedingten Spaltungstendenzen im Lande verschärften. Endlich riefen die Grafen den Kaiser um Entscheidung an, der durch ein Dekret des Wiener Reichshofrates 1589 Ordnung zu schaffen versuchte. Die für die Folgezeit wichtigste Bestimmung dieses Dekrets war auf Wunsch der Stände die Einrichtung eines Hofgerichts.

Die Stände waren durch stets neue Geldforderungen der Grafen zu Macht und Ansehen gekommen, zumal ihnen der niederländische Aufstand, der ja von ihresgleichen getragen wurde, zeigte, wie man ständische Politik macht. Die finanzielle Mißwirtschaft der Cirksena, die mit der Unordnung bei der Einziehung der Klostergüter unter Enno II. eingesetzt hatte und sie bis zu ihrem Aussterben verfolgen sollte, führte zu immer größerer Beanspruchung der Stände, die mit ständig wachsendem Selbstbewußtsein beantwortet wurde. Das Hofgericht, dessen Richter die Stände einsetzten und das als Obergericht neben der gräflichen Kanzlei stand — übrigens keine ostfriesische Eigenart, wie schon das Nebeneinander von Reichskammergericht und Reichshofrat im Deutschen Reich zeigen —, war von Seiten der Stände als Prozeßwaffe gegen den Grafen gedacht. Man erwartete vor diesem Gericht besseres Recht als vor dem des Landesherren. 1593 wurde das Hofgericht wirklich eröffnet.

Zwar war Graf Johann 1591 gestorben, aber Ruhe ward Graf Edzard II. nicht gegeben. Menso Alting hieß der Mann, der ihn jetzt herausforderte. Eigentlich war er nur Prediger an der Großen Kirche in Emden, aber in Wirklichkeit beherrschte er im Sinne seines Lehrers Calvin die Stadt. In ihm und dem lutherischen Grafen als Exponenten prallten die beiden evangelischen Richtungen der Reformation hart aufeinander. Alting verstand es, die Bürgerschaft gegen den von Edzard II. eingesetzten Rat aufzuwiegeln. Ihren Höhepunkt erreichte diese »Emder Revolution« im Jahre 1595, als die Bürger den Rat absetzten und die vom Grafen verlassene Burg einnahmen, sowie deren zur Stadt weisenden Teil des Walles beseitigten. Damit verlor Edzard II. seine Residenz, und seitdem ist Aurich die Hauptstadt Ostfrieslands.

Zuspruch und Förderung hatten die Emder bei diesem ungewöhnlichen Unternehmen aus den Niederlanden erfahren, deren nördlicher Landesteil seit der Vertreibung der Spanier aus Groningen 1594 gesichert war. Während Edzard II. daran dachte, mit seiner Grafschaft als achter Provinz in die Niederlande einzutreten, handelten die mächtigen Nachbarn. Sie schickten Soldaten zum Schutz der Stadt Emden, die dort erst 1744 wieder abzogen, und sie vermittelten den Vertrag von Delfzijl vom 15. Juli 1595, in dem Edzard II. auf die meisten seiner althergebrachten Rechte in Emden verzichten mußte. Die Stadt hatte einen den freien Reichsstädten nicht unähnlichen Status errungen.

Seit diesem Tag war Ostfriesland auf anderthalb Jahrhunderte ein Satellit der Vereinigten Niederlande, ein bequemer Puffer in ihrem Nordosten, und im Haag gewöhnten sich die »Hochmögenden« daran, von Ständen und Grafen aus Ostfriesland gleichermaßen Klagen entgegenzunehmen und darüber zu entscheiden. Für Emden selbst war diese Anlehnung an die Niederländer gefährlich; denn in Spanien sah man damit die Maske der Neutralität gefallen. Bis zum Waffenstillstand von 1609 war die Emder Schiffahrt als Lebensader der Emsstadt gefährdet.

Diese beiden Jahrzehnte zwischen 1591 und 1611 sind reich an menschlichen Dramen wie nie wieder. Da ist Ubbo Emmius, der aus dem lutherischen Norden vertriebene Calvinist, der in seiner 1596 erschienenen Friesischen Geschichte die »Friesische Freiheit« den Ständen als Richtschnur zeigt; da wird der lutherische Pfarrer Hermann Conring aus Hinte verjagt und geht nach Norden, wo ihm 1606 sein berühmter gleichnamiger Sohn geboren wird; da beruft der Emder Rat 1604 den Professor Johannes Althusius aus Herborn als Stadtsyndikus, einen geistigen Erzvater der modernen Demokratie durch seine Lehre von der Politik, die er praktisch in Ostfriesland anwendet; da berät den Grafen Enno III. sein Kanzler Thomas Franzius, vormals Professor an der Universität Wittenberg, und sparte nicht mit scharfen Satiren gegen die Stadt Emden; und da lebt mitten in der ganzen Unruhe der Pfarrer David Fabricius in Osteel, mit seinem Sohn Johannes einer der angesehensten Astronomen der Zeit und Briefpartner von Kepler und Brahe, bis ihn ein Angehöriger seiner Gemeinde um einer geistlichen Ermahnung willen erschlägt.

Auch Ostfriesland hat einen neuen Herren. Edzard II. war 1599 gestorben, ihm folgte sein Sohn Enno III., der mit einer Politik erfolgreich war, die sein Großvater verachtet hatte: durch Heirat fiel das Harlingerland an Ostfriesland. Enno hatte 1581 die Erbin, Gräfin Walpurgis von Rietberg geheiratet, und die erbberechtigten beiden Töchter überließen dem Vater in dem vom Kaiser bestätigten Berumer Vergleich von 1600 das Harlingerland. Die ältere bekam die Grafschaft Rietberg und 35 000 Taler, die jüngere sollte 165 000 Taler ausbezahlt erhalten. Da Enno diese Summe nicht sofort erlegen konnte, gab es mancherlei Verdruß in den kommenden Jahrhunderten. Von nun an blieb aber das Harlingerland bei Ostfriesland; seine besonderen Rechte, wie die Lehnsabhängigkeit vom Herzogtum Geldern, das zu den spanischen Niederlanden gehörte, schwanden immer mehr. Die ostfriesischen Grafen schätzten das Ländchen um so mehr, als sie dort auf nur unbedeutende Stände trafen.

Sonst aber war Enno III., obwohl er geschickter handelte als sein Vater, wenig Glück beschieden. Er blieb in seiner Geldnot auf die Stände angewiesen, bei denen Althusius als eifriger Ratgeber wirkte. Die Vermittlungsversuche kaiserlicher Kommissare oder des Königs Jacob I. von England halfen auch nicht weiter. 1599 wurden auf dem Landtag in Aurich Konkordate geschlossen, welche die Religionsteilung Ostfrieslands besiegelten. 1603 mußte Enno im »Haagischen Vergleich« die niederländische Garnison in Emden anerkennen. 1606 wurde auf dem Landtag in Marienhafe die seit langem schon de facto bestehende ständische Finanzverwaltung de iure festgeschrieben. Nachdem es 1609 gar zu einem Überfall der Emder auf das Schloß in Aurich mit der Fortnahme belastender Schriftstücke gekommen war, wurde 1611 in Osterhusen bei Hinte unter niederländischer Vermittlung der »Osterhusische Akkord« geschlossen, den die Generalstaaten im Haag garantierten. Er brachte eine Zusammenfassung aller bisherigen Festlegungen und entwickelte sich im Lauf der Zeit zu einer Art ungeschriebener Verfassung, auf deren Bestimmungen man sich immer wieder berief. Endlich war man des Streitens müde, dem man sich mit ostfriesischer Zähigkeit hingegeben hatte, und verträgliches Gedeihen blieb eine berechtigte Hoffnung für die Zukunft. Aber das sollte nicht sein.

Spielball der Mächtigen

Seit hundert Jahren, seit den Feldzügen Edzards I., hatte es in Ostfriesland keine Kampfhandlungen mehr gegeben. Das immer noch landwirtschaftlich geprägte Land lebte in behäbigem Reichtum, mit sich selbst beschäftigt und nach wie vor abgeschlossen von Deutschland. Wenige Wege führten dorthin, so am linken Emsufer entlang, über Friedeburg nach Oldenburg oder durch das Harlingerland nach Jever. Der hauptsächliche Verkehr geschah zu Wasser, und zwar sowohl im Binnenlande auf den zahlreichen Tiefs wie nach außen über das Watt und die Ems. Beispielsweise erreichte man die Niederlande über Delfzijl. 1575 hatte die Stadt Emden auf der Insel Borkum ein Leuchtfeuer eingerichtet, um dem wachsenden Seeverkehr die Ansteuerung der Ems zu erleichtern. Langsam treten damit die ostfriesischen Inseln in das Licht der Geschichte.

1570 hatte es wiederum eine verheerende Sturmflut gegeben, im Harlingerland »Manntränke« genannt. Danach hielt die Nordsee lange Ruhe, und überall, am Dollart, an der Leybucht und an der Harlebucht begannen die Einpolderungen. Man dämmte das außendeichs angeschwemmte und verfestigte Land mit einem neuen Deich ab, vor dem sich dann erneut Boden absetzte. Dieses besonders fruchtbare Land beanspruchte der Graf aufgrund des Anwachsrechtes als ursprünglich herrenloses Gut für sich, mußte aber um seiner Kapitalnot willen seine Erschließung privaten Unternehmern überlassen. Auf der Geest vergrößerte die Anwendung des Upstreekrechts ständig die Anbaufläche, Ansiedlungswillige erhielten Ödland zugewiesen. Alles war aber dem Zufall überlassen, und an eine planmäßige Nutzung des Bodens, geschweige denn des Moores, dachte niemand.

Residenzort Ostfrieslands war Aurich, eine kleine Stadt mit einem großen Markt und Mittelpunkt des größten Amtes. Ihm gleich mit Burg und Kirche war Esens, der Vorort des Harlingerlandes. Mit den Ämtern Friedeburg im Osten, Stickhausen im Südosten, Amt und Stadt Norden und dem Amt Berum im Nordwesten bildeten diese Gebiete die lutherische Hälfte Ostfrieslands. Die Ämter Greetsiel, Emden und Leerort — darinnen der Flecken Leer — und natürlich die Stadt Emden waren reformiert. Einzelne Ausnahmen waren zum Beispiel das lutherische Amt Pewsum in der reformierten Krummhörn oder die reformierte Herrlichkeit Lütetsburg zwischen Norden und Berum. Ihre Eigentümer, dort die Witwe des Grafen Edzard II., die schwedische Königstochter, hier die Reichsfreiherren zu Inn- und Knyphausen, die sich zum vornehmsten Adelsgeschlecht Ostfrieslands entwickelten, bestimmten das Bekenntnis.

Die Einwohner des Landes waren frei von jeglicher persönlicher, aber nicht von wirtschaftlicher Abhängigkeit. Letzterer konnte man unterworfen sein als Knecht oder Magd, Hafen- oder Deicharbeiter, die ja auch bei den ständischen Wahlen nicht mitzustimmen befugt waren. Man konnte auch abhängig sein als Pächter von Grundbesitz, entweder auf Zeit oder in Erbpacht. Das galt vor allem für den gräflichen Grundbesitz; die Zeitpacht diente Adligen und Städtern, namentlich reichen Emdern in der Krummhörn, als ziemlich sichere Kapitalanlage. Zusätzlich gab es für die Bauern bestimmte Dienste und Naturalabgaben, die sie dem Grafen zu leisten hatten und die 1611 ganz genau festgeschrieben worden waren.

Genügten dem Landesherren seine eigenen derart beschriebenen Einnahmen nicht, mußte er die Stände um die Ausschreibung von Steuern, Schatzungen bezeichnet, bitten. Ständischerseits verzichtete man nun auf eigenes Personal zur Eintreibung dieser Gelder, sondern verpachtete sie meistbietend, womit der Ungerechtigkeit und der Unterschlagung Tür und Tor geöffnet waren.

Innerhalb der Stände wurden damals allmählich Gräben sichtbar, die der jahrelange Kampf gegen den Grafen bisher verdeckt hatte. Die wechselseitige Bitternis zwischen Lutheranern und Reformierten konnte auch die Berufung auf die Friesische Freiheit nicht verhüllen. Die reichen Gemeinden in der Marsch konnten regelmäßig Vertreter zu den Landtagen entsenden, den armen auf der Geest fiel das schwer: die Beschlüsse galten aber für alle. Die große Stadt Emden versuchte die kleineren Städte Norden und Aurich zu bevormunden. Aurich seinerseits hing mit seinem Wohl und Wehe vom Grafen ab. Zuerst fing die Ritterschaft an, sich abzusondern, und vergebens versuchte die Stadt Emden, durch den Ankauf von Herrlichkeiten, etwa von Oldersum, sich an ihr zu beteiligen. Nicht nur den Landesherrn, sondern auch die Stände drückte eine bedeutende Schuldenlast, und die alljährlichen Landtage verliefen alles andere als im Geist der Einigkeit.

Der bis 1621 geschlossene spanisch-niederländische Waffenstillstand ließ in Emden nicht bewußt werden, daß die goldenen Zeiten der Stadt vorüber waren. Viele Niederländer gingen in ihre Heimat zurück, wo die Gründung der Ostindischen Kompagnie 1602 in Amsterdam die glorreiche Epoche der holländischen Schiffahrt eröffnete. Emden fiel zurück. Noch war die Stadt reich genug, sich seit 1612 mit einem großzügig bemessenen Festungsgürtel zu umgeben. Damit schloß sie sich zwar räumlich vom Lande ab — das sollte sich bald darauf als weise Voraussicht erweisen —, aber allmählich auch geistig, eine Denkweise, die nach der Meinung mancher Ostfriesen bis heute nicht überwunden ist.

Im Jahre 1615 wurde dem östlichen Teil Ostfrieslands das Wasser des Jadebusens buchstäblich abgegraben. Wir erinnern uns, daß 1575 das Jeverland als Erbschaft an die Grafen von Oldenburg gefallen war, die es nur über die Jade oder durch ostfriesisches Gebiet, nämlich die Herrlichkeit Gödens, erreichen konnten. Darum ließen sie in einem großartigen technischen Unternehmen einen Damm quer vor dieser Herrschaft durch den Jadebusen ziehen, den Ellenser Damm, in den sie zwei Siele für die bisher frei in die Jade geflossenen Wasser Ostfrieslands einbauten. Die kostspieligen Prozesse der ostfriesischen Grafen gegen die Oldenburger um die jeversche Erbschaft erhielten durch diesen Deichbau neue Nahrung, allein vergebens; denn diplomatische oder gar militärische Möglichkeiten standen Enno III. nicht zu Gebote.

Wehrlos und ohne Beistand wurde die Grafschaft dann ein Opfer des Dreißigjährigen Krieges, der ihren Wohlstand vernichtete. Zwar wurde hierzulande nicht gekämpft, Ostfriesland wurde aber jahrzehntelang von fremden Truppen ausgezehrt, die hier

Quartier nahmen. Daß es auch anders ging, sehen wir an dem Nachbarn, Graf Anton Günther von Oldenburg, der genauso ohnmächtig, sein Land durch geschickte Verhandlungen und Bestechungen nicht nur freihielt, sondern sich noch einen einträglichen Weserzoll verschaffte. In Ostfriesland blieb nur Emden dank seiner Befestigung verschont; die Stadt erregte aber viel Mißstimmung im Lande, weil sie die gemeinsamen Kriegslasten nicht mittragen wollte.

Der Dreißigjährige Krieg wurde im Auftrag der streitenden Parteien von Unternehmern geführt, die sich verpflichteten, für bestimmte Zeiten eine gewisse Anzahl von Soldaten mit dem nötigen Kriegsmaterial bereitzustellen. Der genialste dieser Kriegs-Unternehmer war Wallenstein. Am Geld zur Kriegsführung mangelte es stets; darum holte man es sich vorzugsweise bei Unbeteiligten. So erschien auch Ende November 1622 der im Auftrage der niederländischen Generalstaaten stehende Söldnerführer Ernst von Mansfeld mit seinen Truppen in Ostfriesland, dem Satelliten, auf den er mit seinen Forderungen verwiesen worden war. Anfang des Jahres 1624 gelang es nach vielen Mühen ihn loszuwerden. Als erster der Plünderer hinterließ er eine schrecklichere Erinnerung als die folgenden. Ende 1627 kamen Soldaten der katholischen Liga unter dem Obersten Gallas, die bis zum Frühjahr 1631 blieben, bis nach dem Eingreifen des Schwedenkönigs Gustav Adolf ganz Norddeutschland von den Katholiken geräumt werden mußte.

Diese kaiserlichen Truppen lebten aus dem Land, wo sie den größten Teil ihres Soldes wieder ausgaben. An ihre Besatzungszeit knüpft sich die Episode vom Tode des jungen Grafen Rudolf Christian, der 1625 Enno III. gefolgt war. Er starb im April 1628 nach einem unglücklichen Duell mit einem kaiserlichen Offizier in Berum. Dies war verhängnisvoll insofern, als er begabter gewesen zu sein scheint als sein Bruder und Nachfolger Ulrich II. Im August 1637 endlich brachte der Landgraf Wilhelm von Hessen in niederländischem Auftrag seine Truppen nach Ostfriesland, die sich hier dreizehn Jahre, bis über den Westfälischen Frieden hinaus, aufhielten. Die Grafschaft war der schleichenden Auszehrung verfallen. Ganz aus diesem Treiben heraus hielt sich der einzige Ostfriese, der wider alle heimischen Überlieferungen selber ein Kriegs-Unternehmer war: der Reichsfreiherr Dodo zu Inn- und Knyphausen. Zuletzt in schwedischen Diensten, fiel er 1636 in einem Scharmützel bei Haselünne im Emsland, wo er sich wohl eine eigene Herrschaft aufzurichten erhoffte.

Mitten in diesen Kriegswirren wurde der Anfang gemacht mit der Fehnkultur, welche die Moore Ostfrieslands umgestalten sollte. Das gängige Feuerungsmaterial war der Torf, den man nicht nur hierzulande stach, sondern in großen Mengen aus dem Ems- und Münsterland heranführte. Der Krieg machte diesen Nachschub unsicher, so daß 1633 vier Emder Kaufleute beschlossen, das in den Niederlanden erprobte Verfehnen des Moores auf Ostfriesland zu übertragen. Gegen Ende des gleichen Jahres bekamen sie von dem Grafen Ulrich II. ein Stück Moor zwischen Timmel und Westerende in Erbpacht; aus diesen ersten Anfängen entwickelte sich später Großefehn. Das Beispiel machte bald Schule.

Die Fehnkultur nutzt das Moor zum ersten Male planmäßig. Man hebt einen Graben oder Kanal aus, von dem Seitengräben (Wieken) ausgehen können, und verschifft auf diesem Fehnkanal, der immer weiter verlängert wird, den daraus gegrabenen Torf. Die Fehnunternehmer, sogenannte Obererbpächter, geben das ihnen erbverpachtete Land in Unterpacht weiter an diejenigen, die von ihren Anteilen aus die harte und mühsame Arbeit des Torfgrabens leisten. Eigentlich war es Raubbau, weil man sich nicht darum kümmerte, was nach Erschöpfung der Torfvorräte geschehen würde. So entstanden die für Ostfriesland so charakteristischen Fehndörfer, deren Aussehen noch gegenwärtig an das niederländische Vorbild erinnert.

Zwischen Wien und Den Haag liegt Berlin

Spätestens mit dem Ende des Krieges, wahrscheinlich früher, übernahm man auf der ostfriesischen Halbinsel aus den Niederlanden die Sitte, Tee zu trinken. Man bereitete mit Regenwasser, das man damals noch unbesorgt verwenden konnte, den wohlschmeckenden Aufguß aus dem chinesischen Kraut. Der Tee wurde, wenn überhaupt, die Leidenschaft, die alle Ostfriesen vereint.

Sonst ist wenig von Einigkeit im Lande zu spüren. In dieser zweiten Hälfte des 17. Jahrhunderts beschert die innere Zwietracht Ostfriesland fortlaufend äußere Einmischungen. Man hat den Eindruck, daß sowohl die Stände wie die Landesherrschaft nicht wissen, wie sie aus der verfahrenen Lage, in der jeder recht zu haben glaubt, herauskommen können. Ungelöst beispielsweise blieb das Problem der Schulden, das sich durch die auf 300 000 Taler samt Zinsen gestiegene »Liechtensteinsche Forderung« verschärfte.

Damit hat es folgende Bewandnis: Bekanntlich hatte Enno III. das Harlingerland seinen Töchtern aus erster Ehe abgekauft. Die ältere ehelichte Johann, den Bruder ihres Vaters, der in der kleinen westfälischen Grafschaft Rietberg eine katholisch gewordene Nebenlinie der Cirksena begründete, die Ende des Jahrhunderts ausstarb. Die jüngere heiratete den Herrn Gundakar von Liechtenstein, dessen Familie im Dreißigjährigen Krieg gefürstet wurde, und der wie seine Nachkommen am Kaiserhof genügend Einfluß besaß, um seinen Ansprüchen Nachdruck zu verschaffen. Die 165 000 Taler nämlich, welche zur Auszahlung an die Tochter Ennos in Esens bereitlagen, hatte der Mansfelder beschlagnahmt und verständlicherweise nicht zurückgegeben.

Nach den Gräfinnen Theda im 15. und Anna im 16. Jahrhundert kam Ostfriesland abermals mit der aus Württemberg stammenden Christine Charlotte unter weibliche Herrschaft. Graf Ulrich II. war 1648 gestorben, ihm folgte sein Sohn Enno Ludwig, diesem 1660 sein Bruder Georg Christian. Enno Ludwig wurde 1654 auf dem Reichstag von Regensburg vom Kaiser in den Reichsfürstenstand erhoben. Hermann Conring, der Helmstedter Universalgelehrte aus Norden, hatte ihm das geraten aus seiner Kenntnis der handelnden Personen, namentlich weil auf einem Reichstag der Reichskanzler und Kurfürst von Mainz die Urkunde ausstellte und die Gebühren einnahm und nicht der in Wien amtierende Reichsvizekanzler. Diese Würde war nur für Enno Ludwig gedacht; erst 1662 erhielt das ganze Haus Cirksena den erblichen Fürstentitel. Dem Reichsrecht nach blieb Ostfriesland eine Grafschaft des Heiligen Römischen Reiches bis zu dessen Auflösung 1806, auch wenn man bald allerseits vom Fürstentum sprach.

Enno Ludwig hat mit dem Fürstentitel nichts anzufangen gewußt, auch nicht sein Nachfolger Georg Christian. Dieser starb früh 1665, postum wurde ihm ein Sohn Christian Eberhard geboren, für den nun bis 1690 die Mutter die Regentschaft übernahm. Die geborene Herzogstochter aus Württemberg kannte eigentlich das Ständewesen aus ihrer Heimat, sah aber wie viele Potentaten der Zeit ihr Vorbild in Ludwig XIV., dem französischen Sonnenkönig. Christine Charlotte nahm die Herzöge Georg Wilhelm und Ernst August zu Braunschweig und Lüneburg als Mitvormünder an, die ihr gelegentlich, wenn es unvermeidlich war, Soldaten schickten und damit ein Interesse des Welfenhauses bekundeten, das Folgen haben sollte. Da die Fürstinwitwe aber keine guten Berater um sich duldete, blieben ihre Bemühungen Stückwerk.

Die Stände ihrerseits sahen nur auf die Wahrung ihrer Gerechtsame und mußten in den siebziger Jahren zu ihrer peinlichen Überraschung erleben, daß ihre Schutzherren im Haag aus übergeordneten Gründen – etwa um des Krieges gegen Frankreich willen – der Regentin in Aurich mehr Gehör schenkten. Plötzlich entdeckten sie den kaiserlichen Hof in Wien, der glaubte, sie gegen Christine Charlotte unterstützen zu müssen. 1676 erschien in Leer eine Salvegarde, ein Kommando Truppen, in kaiserlichem Auftrag von den Ständen zu unterhalten; und 1678 gar wurde den

Konfessionsgrenzen in Ostfriesland um 1660

Lutherisches Gebiet

Reformiertes Gebiet

Amts- bzw. Herrlichkeitsgrenze

Ständen — einmalig im Deutschen Reich — ein besonderes Wappen vom Kaiser gewährt, das einen geharnischten Ritter unter einem Baum, dem Upstalsboom, zeigte. Die von Ubbo Emmius zu Beginn des Jahrhunderts aufgestellte Lehre von der Friesischen Freiheit wurde in diesem Symbol bildkräftig. Endlich erwirkten die Stände vom Kaiser ein »Conservatorium«, eine Art Schutz ihrer Rechte, mit dessen Ausführung unter anderen Reichsfürsten der Kurfürst von Brandenburg als Herzog zu Kleve beauftragt wurde.

Damit kommt der einzige Ostfriese zum Zuge, der damals Erfolg mit seinen Absichten hatte. Es war der vornehmste unter der ostfriesischen Ritterschaft, der Reichsfreiherr Dodo zu Inn- und Knyphausen, ein Enkel des schwedischen Feldmarschalls. Er vermittelte 1682 die Landung einer brandenburgischen Militärabteilung in Greetsiel und brachte so ein ganz neues Element ins heimische Spiel. In seiner Herrlichkeit Lütetsburg absoluter Herr, in der Grafschaft Ostfriesland Wortführer der Stände, wurde er 1683 Geheimrat in Berlin und beförderte durch seine Finanzreformen das Zusammenwachsen des Kurstaats gegen die Interessen der einzelnen Stände, die dessen Länder vertraten. So war er nicht nur in seinem amtlichen, sondern auch in seinem privaten Leben voller Widersprüche und übte, als Reformierter mit einer Katholikin verheiratet, Toleranz.

Religiöse Duldung war damals hierzulande nur in der Herrlichkeit Gödens üblich, deren Besitzer sich eine Zeitlang zum katholischen Glauben bekannten. Dort hatten Lutheraner, Reformierte, Katholiken und Mennoniten ihre Kirchen und die Juden eine Synagoge. Anderenorts blieb man weiterhin mit ostfriesischer Hartnäckigkeit unduldsam. Vergessen wir nicht, daß religiöse Auseinandersetzungen damals immer noch auch politisch zu verstehen sind, weil Staat und Kirche vorerst eins sind. In den Konkordaten von 1599 war die strenge Trennung von Lutheranern und Reformierten festgesetzt worden. Im Lauf der Zeit siedelten sich nun in den Städten und Flecken Angehörige des anderen Bekenntnisses an, die zum Gottesdienst manchmal weite Wege zurücklegen mußten, wie die Lutheraner von Leer nach Loga und von Emden nach Petkum oder die Reformierten von Norden nach Lütetsburg. Bezeichnenderweise sind das alles adlige Herrlichkeiten. Die Auricher Reformierten mußten sogar bis Bedekaspel gehen.

Verständlich ist, daß die Betroffenen diesen Zustand zu ändern wünschten, dies jedoch nur unter den unerquicklichsten Auseinandersetzungen erreichten. 1675 wurde in Leer eine lutherische Kirche aus den Steinen des ehemaligen Klosters Thedinga gebaut, wobei man bis zur Einweihung ein bewaffnetes Eingreifen der niederländischen Garnison auf Leerort befürchtete. Im Gegenzug ließ Dodo zu Inn- und Knyphausen 1684 unter dem Schutz brandenburgischer Soldaten in Bargebur eine reformierte Kirche errichten. Das geschah zwar in seiner Herrlichkeit, aber vor den Toren der Stadt Norden, deren Einwohner zuvor einen Vorgängerbau bei Nacht und Nebel zerstört hatten. Diese Streitigkeiten wurden Angelegenheiten der hohen Politik, und manch ein Geheimrat in Wien oder Den Haag mag sich gewundert haben, mit welchen Spitzfindigkeiten er aus Ostfriesland behelligt wurde.

Fürstin und Stände konnten eben das Hauptproblem nicht lösen: eine dauerhafte Übereinkunft über die Art und Weise der Schuldentilgung. Ein solches Abkommen hätte den finanziellen Druck auch und gerade von außen, namentlich von Seiten der Niederlande als Hauptgläubiger, beseitigt. Zwar fürchteten die Stände eine nur der Landesherrschaft verpflichtete Truppe, deren Waffen gegen sie gekehrt werden konnten, dafür bezahlten sie aber fremde Soldaten: Niederländer in Emden und Leerort, Kaiserliche in Leer und Brandenburger in Emden und Greetsiel. Bei diesem Widersinn war zweifellos die friesische Abneigung gegen Militär an sich mit im Spiel.

Die im vorigen Abschnitt beschriebene Fehnsiedlung bei Timmel erwies sich als erfolgreich, ihr folgten zahlreiche Neuanlagen: 1637 Lübbertsfehn, 1639 Hüllenerfehn, 1647 Boekzetelerfehn und 1660 Neuefehn und Jheringsfehn. Ebenso schritt die Landeskultur mit Eindeichungen fort, in jener Zeit vor allem in der Harlebucht: 1658 der Enno-Ludwig-Groden, 1677 der kleine und 1679 der große Charlotten-Groden. Weil man dabei gemeinsam mit dem angrenzenden Jeverland vorgehen mußte, ergab sich das Problem der Grenzfestsetzung in dem noch einzudeichenden Gebiet, das 1666 auf originelle Art gelöst wurde. Man zog vom

Grenzpfahl am Deich eine gerade Linie genau auf die Mitte zwischen den Inseln Spiekeroog und Wangerooge, die spätere »Goldene Linie«. Durch die Ostdrift beider Inseln ist diese Grenze gegenstandslos geworden und nur noch historisch zu verstehen.

Da schon von Inseln die Rede ist, sei beiläufig noch einer Episode aus dem Juli 1674 gedacht. Damals hatte die Fürstin Christine Charlotte den Herzog Ernst August zu Braunschweig und Lüneburg und seine Gemahlin zu Besuch, mit denen sie einen Ausflug auf die Insel Norderney unternahm. Fünf Tage blieben sie und haben dort abends »gedantz mitt den bauern«. Ob sie gebadet haben, darf man für dieses der Hygiene abholde Jahrhundert bezweifeln; wichtig ist aber, daß wir zum ersten Mal davon hören, wie eine der Inseln mit ihrer Fischerbevölkerung, wo Schmalhans regelmäßiger Küchenmeister war, als Ziel einer Vergnügungsreise diente. Hier zeichnet sich zum ersten Mal und ganz von fern der spätere Fremdenverkehr ab, der gegenwärtig Ostfrieslands Wohl und Wehe bestimmt.

Vielerlei Bitternis und eine Naturkatastrophe

Im letzten Drittel des 17. Jahrhunderts zog der damals in der evangelischen Kirche weit verbreitete Pietismus auch in Ostfriesland ein. Er betont die innere Erweckung und persönliche Frömmigkeit des einzelnen unter Vernachlässigung der öffentlichen und Gemeinde-Veranstaltungen und führte beispielsweise zu einer langanhaltenden Abneigung, an Abendmahlgottesdiensten teilzunehmen. Der niederländisch beeinflußte, reformierte Pietismus führte darüber hinaus zur Durchsetzung der niederländischen Sprache als Kirchen- und Schulsprache im Westen Ostfrieslands. Sie wurde dort Hochsprache neben dem Plattdeutschen als Umgangssprache, bis ihr Gebrauch im 19. Jahrhundert allmählich ausstarb, nachdem die reformierten Theologiestudenten nicht mehr in den Niederlanden studieren durften. Im lutherischen Osten ergriff der besonders aus Halle durch August Hermann Francke geprägte Pietismus nicht nur einfache Gemeindeglieder, sondern auch das Fürstenhaus.

Dem Pietismus zugetan waren vor allem Christian Eberhard, der 1690 seiner Mutter die Regierung abnahm, und sein Sohn Georg Albrecht, der ihm 1708 folgte. Ersterer schloß 1693 in dem »Hannoverschen Vergleich« seinen Frieden mit den Ständen, deren Rechte er im wesentlichen anerkannte. Auf Seiten der Landesherrschaft erleben wir in den folgenden Jahrzehnten, wie sich die Verwaltung in einem langsamen Prozeß stetig verbessert; so machte man Ernst mit der Einrichtung der Oberrentkammer, welche die fürstlichen Gelder verwaltete. Man bemühte sich durch straffe Finanzwirtschaft, wie die genaue Ermittlung und Eintreibung der Domäneneinkünfte oder die Kontrolle der Ausgaben, aus der stets drückenden Schuldenwirtschaft wenigstens so weit herauszukommen, daß eine Art Staatshaushalt aufgestellt werden konnte. Wie in ganz Deutschland trennten sich allmählich fürstlich-private und staatlich-öffentliche Geldverwaltung.

Fürst Christian Eberhard hatte auch 1691 mit dem Herzog Ernst August zu Braunschweig und Lüneburg eine Erbverbrüderung geschlossen, nach der im Falle des Aussterbens der Cirksena die Welfen Ostfriesland, im Falle des Aussterbens der jüngeren Linie des Welfenhauses die Cirksena die Grafschaften Hoya und Diepholz erben sollten, ein in jenen Jahrhunderten durchaus üblicher Vertrag. Ernst Augusts Nachfahren gründeten nach 1815 darauf ihren Rechtsanspruch auf Ostfriesland, aber dieser hatte es versäumt, die kaiserliche Zustimmung zu diesem Pakt, bei dem es um Reichslehen ging, einzuholen, so daß die Erbbestimmungen eine bloße Privatverabredung blieben. Vielleicht opferte der Hannoveraner den Vertrag auch dem brandenburgischen Nachbarn, den er für die Anerkennung seiner neuen Kurwürde, die ihm 1692 zuteil geworden war, brauchte. Jedenfalls kam 1694 aus Berlin peinliche Nachricht nach Aurich.

Wir haben gehört, wie der Freiherr zu Inn- und Knyphausen den Kurfürsten Friedrich Wilhelm von Brandenburg veranlaßte, sich in Ostfriesland einzumischen. Was diesen bewogen hat, dem Rat zu folgen, ist uns im Grunde unbekannt. Gewiß brauchte die 1683 nach Emden verlegte Afrikanische Kompagnie einen Hafen, aber für Brandenburg war diese Unternehmung eher eine pittoreske Nebensache. Sicher spielte auch die Verwandtschaft des Großen Kurfürsten mit den Oraniern eine Rolle, den Erbstatthaltern der Niederlande, die Friedrich Wilhelm von Jugend auf kannte und schätzte. Sein Interesse vererbte sich auf den Sohn; denn 1694 erhielt der Kurfürst Friedrich III. vom Kaiser Leopold I. zum Ausgleich für Subsidienforderungen und für die Abtretung des Kreises Schwiebus die Lehnsanwartschaft auf Ostfriesland.

Damit bezahlte der Kaiser etwas, das ihn als Landesherrn und Mitglied des Reiches anging, mit einem Entgelt, über das er als Oberhaupt des Reiches verfügte. Er versprach nämlich, das Reichslehen Ostfriesland dem Kurfürsten von Brandenburg samt seinen Nachfolgern und niemand anderem zu verleihen, falls die Fürsten von Ostfriesland aus dem Hause Cirksena aussterben würden. Solche Lehnsanwartschaften waren damals gang und gäbe, wenn auch ungewöhnlich angesichts einer mit Nachkommenschaft gesegneten Familie wie der der Cirksena. Diese wußten nun, daß jemand auf ihr leibliches Erlöschen wartete. Im Gegensatz zu Hannover sicherte Brandenburg-Preußen die kaiserliche Urkunde reichsrechtlich ab und ließ sie sich stets erneuern, so daß ab 1694 dieser Anspruch wie ein Damoklesschwert über den Fürsten von Ostfriesland hing.

Die preußischen, kaiserlichen und niederländischen Besatzungen im Lande wogen sich gegeneinander auf, so daß Ostfriesland von weiteren ausländischen Eingriffen verschont blieb. Eine Zeit der Ruhe trat ein, während in den ersten beiden Jahrzehnten des 18. Jahrhunderts in Europa der Spanische Erbfolgekrieg und der Nordische Krieg tobten. In diesen Frieden brach in der Weihnachtsnacht 1717 eine der schrecklichsten Sturmfluten, die je die Küsten der Nordsee verheerten, von Flandern bis hinauf nach Dänemark. Das Unglück war darum so groß, weil wider alle Erfahrungen das Wasser über die Deiche brach, als jedermann schlief, denn der Scheitelpunkt des Hochwassers war noch vier Stunden entfernt. Die Deiche wurden wortwörtlich überschwemmt, das Wasser stürzte allenthalben in die Marsch, wo Mensch und Vieh ertranken oder erfroren, sofern ihnen nicht rechtzeitig geholfen wurde. Nicht nur die Marsch, auch Teile der Geest waren betroffen, und die Fluten standen bis vor Aurich. In Emden, Norden und Esens konnten sich die Menschen wenigstens in die oberen Stockwerke der Häuser retten.

Die genauesten Nachrichten über die Verluste haben wir von pietistischen Pfarrern, welche die Sturmflut als Gottesgericht ansahen. Damals sind in Ostfriesland 2787 und im Jeverland 1649 Menschen umgekommen, 4–5% der Bevölkerung. Dabei waren ja nicht nur versalzene Fluren und vernichtete Ernte- und Viehbestände zu beklagen. Vor allem mußten eilends die auf weiten Strecken völlig zerstörten Deiche ausgebessert oder wiederhergestellt werden. Wer sollte das bezahlen? Fürst Georg Albrecht nahm unter Verpfändung der Einkünfte des Harlingerlandes, über die er im Gegensatz zu den ostfriesischen ganz verfügen konnte, eine Anleihe von 2 000 000 Gulden in den Niederlanden auf. Die Deichachten verschuldeten sich ähnlich hoch. Um das grausame Spiel zu vollenden, verwüsteten kleinere Sturmfluten in den folgenden Jahren viele begonnene Arbeiten, die noch nicht bis zur Flutfestigkeit gediehen waren.

Man kann nicht sagen, daß die fürstliche Regierung hervorragend an der Linderung des Elends beteiligt gewesen wäre. Ihren leitenden Mann, den Kanzler Enno Rudolph Brenneysen, aus Esens gebürtig und in Halle ausgebildet, bewegten ganz andere Gedanken. Er sah die Schwierigkeiten der ständischen Finanzwirtschaft, die durch die Deichkatastrophe ins Unermeßliche gestiegen waren. In ihrer Kontrolle glaubte er ein Mittel gefunden zu haben, die Stände zur Anerkennung des seiner Meinung nach höheren Rechts des Landesherren zu zwingen. Daß diese Absicht gegen den Osterhusischen Akkord von 1611 verstieß, bekümmerte ihn nicht. Er wagte den Konflikt, indem er bei dem Reichshofrat, dem kaiserlichen Gericht in Wien, Dekrete, wir würden heute sagen einstweilige Verfügungen, an die Stände im Sinne einer fürstlichen Aufsicht über das Steuerwesen erwirkte.

Daraus erwuchs ein Streit, der in der ostfriesischen Geschichte unter dem Namen Appelle-Krieg bekannt ist, so genannt nach dem ständischen Wortführer Heinrich Bernhard von dem Appelle. Ein regelrechter Bürgerkrieg entwickelte sich, in dem Ostfriesen auf Ostfriesen schossen. Brenneysen war es gelungen, die Stände zu spalten: die »gehorsamen« nahmen die Dekrete an, die »renitenten« lehnten sie ab. Die Spaltung entsprach im Groben der Teilung des Landes in Lutheraner und Reformierte. Vor allem in den bäuerlichen Marschen der Krummhörn war die Idee der Friesischen Freiheit Leitbild. Die Ständespaltung führte zu einer Teilung der Steuerausschreibung. Als man sich daraufhin gegenseitig Steuergelder streitig machte, kam es zu blutigen Auseinandersetzungen, die 1727 mit Hilfe von »dänischem« — d.h. aus dem seit 1667 zu Dänemark gehörigen Oldenburg entsandten — Militär beendet wurden. Der Aufruhr war in Europa nicht unbemerkt geblieben. Ostfriesland war einen kurzen Augenblick ein europäisches Thema; denn Kaiser Karl VI. opferte, um seiner Pragmatischen Sanktion zur Anerkennung zu verhelfen, wesentliche Inhalte der kaiserlichen Dekrete gegenüber den Niederlanden, die den ostfriesischen Ständen ihre Hilfe gewährten.

Der Appelle-Krieg endete darum im Grunde mit einer Niederlage der Landesherrschaft. Wie zur Bestätigung starb Brenneysen 1734 an dem Tage, an dem man den Fürsten Georg Albrecht zu Grabe trug. Die Daseinsberechtigung der Stände blieb unbestritten, vor allem blieb ihnen die Steuerverwaltung. Die Verfahren gegen die prominenten Anhänger der »Renitenten« zogen sich noch jahrelang hin. Den größten Schaden aus dieser mit ostfriesischer Hartnäckigkeit ausgefochtenen Affäre erlitten die menschlichen Beziehungen im Lande, in dem damals wie heute die verwandtschaftlichen Bindungen eng und überschaubar sind. Der neue Fürst, Carl Edzard, ließ sich von dem Geheimrat von Langeln — keinem Ostfriesen, sondern einem Nassauer — leiten, der auf dem Wege der behutsam eingeschlagenen Verwaltungsreformen fortschritt. Einer seiner Helfer war der später häufig zu nennende Regierungsrat Sebastian Eberhard Jhering. Als vierte auswärtige Macht blieben die »Dänen« aus Oldenburg im Lande.

Die preußischen Soldaten in Emden hatten im Appelle-Krieg unterschwellig den Ständen Hilfe zukommen lassen. 1732 nahm der König Friedrich Wilhelm I. in Preußen Titel und Wappen eines Fürsten von Ostfriesland in seine Titel und Wappen auf — in dem Zeitalter der Etikette ein unmißverständliches Zeichen unveränderter Ansprüche aus der Lehnsanwartschaft. Sein ostfriesischer Agent war Sebastian Anton Homfeld, der im Frühjahr 1744 der Stadt Emden einen Vertrag mit König Friedrich II. vermittelte, in dem der Stadt für den Fall der preußischen Besitznahme ihre alten Rechte bestätigt wurden. Wer konnte ahnen, daß der biologische Zufall — anders kann man die jähe Krankheit und den Tod eines Fünfunddreißigjährigen nicht bezeichnen — bereits wenige Wochen darauf, in der Nacht vom 25. auf den 26. Mai 1744 eintreten würde, als Fürst Carl Edzard als letzter seines Stammes ohne Nachkommen starb?

Preußisches Anhängsel

Buchstäblich über Nacht wurde alles anders in Ostfriesland. Friedrich II. hatte Besitzergreifungspatente in Emden hinterlegt, die nur mit dem Datum zu versehen waren und dort bereits in der Frühe des 26. Mai angeschlagen wurden. Der sprichwörtliche »Leutnant mit zehn Mann« aus der Emder Garnison sorgte für die Verbreitung der Patente im Lande. Nirgends regte sich Widerstand, außer in Aurich, wo die Schwester des verstorbenen Fürsten einige Schwierigkeiten bereitete. Die schneidige Wahrnehmung der preußischen Ansprüche verblüffte alle Nachbarn, auch das Kurfürstentum Hannover, das, in den Österreichischen Erbfolgekrieg verstrickt, nur halbherzig seine angeblichen Rechte wahrte.

Der preußische König war selbst überrascht und im ersten Augenblick bereit, das Land an einen Konkurrenten — etwa die Niederlande oder Hannover — gegen gute Entschädigung weiterzureichen. Statt dessen erklärten sich die Niederländer bereit, ihre Truppen aus Emden und Leerort abzuziehen; ebenso verschwanden die »Dänen« aus Aurich, und die kaiserliche Salvegarde in Leer löste sich in nichts auf. Die ostfriesischen Stände verloren ihren Schutz und mußten sich auf einen neuen Herren einstellen, von dem sie nur wußten, daß man mit ihm nicht so leicht umspringen konnte wie mit den Cirksena. Daß sie nicht mehr wußten, geriet ihnen zum Nachteil; daß ein Mann wie Sebastian Anton Homfeld den König nicht einzuschätzen verstand, ließ ihn scheitern.

Das preußische Königreich war damals noch eine Verbindung von Ländern, die von der Armee und der Finanzbürokratie in den Kriegs- und Domänenkammern zusammengehalten wurden. Ein gemeinsames preußisches Staatsgefühl entwickelte sich erst im Siebenjährigen Krieg. Den großen östlichen Provinzen, denen 1740 Schlesien zugefügt worden war, standen die kleineren westlichen Territorien Kleve, Mark und Ravensberg gegenüber, die ein ganz anderes Lebensgefühl beherrschte. Dort gab es keine Grundherrschaft mit abhängigen Bauern wie im Osten, es gab hingegen die Anfänge einer Industrie, und dort galt auch nicht die Wehrpflicht, welche die Stände durch Geldzahlung ablösten. In allen Ländern der preußischen Monarchie hatte der Absolutismus zwar die jeweiligen Stände beschränkt, aber nicht beseitigt. Immer noch waren sie einflußreich auf dem Wege über die Regierungen, vorwiegend mit der Rechtspflege betraute Behörden, zu denen sie Richter vorschlagen konnten. Diese Grundstrukturen Preußens kannte man nicht in dem kleinen, mit sich selbst beschäftigten und vom übrigen Deutschland abgeschlossenen Ostfriesland.

Dorthin reiste aus Berlin der Großkanzler Cocceji, um namens des Königs die Huldigung der Stände entgegenzunehmen, die sich dazu bereit fanden, nachdem er ihnen zugestanden hatte, was er ihnen gar nicht zu verweigern gesinnt war: die den Friesen so teure Freiheit vom Militärdienst, die wie in den anderen westlichen Provinzen mit Geld abgelöst wurde. Sonst schien alles bei der alten Ständeherrlichkeit zu bleiben. Homfeld trat als Kanzler an die Spitze der Regierung, wobei ihn nur eine Neuerung störte. Aus Minden kam nämlich der Kriegs- und Domänenrat Caspar Heinrich Bügel und übernahm die fürstliche Oberrentkammer als Kriegs- und Domänenkammer. Alsbald ging man dort eifrig ans Werk, die dem König zustehenden Abgaben zu ermitteln, ohne Rücksicht zu nehmen auf die Beschwerden der Regierung, der diese Unabhängigkeit mißfiel.

Das war die einfache Anwendung der preußischen Verwaltungsgrundsätze, die auf dem Konkurrenzprinzip zwischen Regierung und Kriegs- und Domänenkammer beruhten. Beide Behörden hatten entsprechende Vorgesetzte in dem Ministerium und dem Generaldirektorium in Berlin. Zwischen und über ihnen entschied der König nicht nur aus seinem Kabinett, sondern versuchte auch durch Kabinetts-Ordres sein Reich direkt zu regieren, in dem Irrtum befangen, alles wissen zu können. Der »allgegenwärtige« König war also der ruhende Pol, der sich damit die meiste Arbeit aufbürdete.

So griff Friedrich II. auch in Ostfriesland ein. Nach Bügels Tod (1748) sandte er seinen Vertrauten Daniel Lentz mit mündlichen Instruktionen nach Aurich, dem es mit solcher Rückendeckung binnen weniger Jahre gelang, der Stadt Emden — wider den Vertrag von 1744 — ihre besonderen Vorrechte zu nehmen, die königliche Finanzaufsicht bei den Ständen einzuführen, und Homfeld zu entmachten, der bis zu seinem Tode 1761 auf dem Ehrenposten eines Kanzlers ohnmächtig zusehen mußte, wie die aus der bisherigen Regierung und dem Hofgericht vereinigte neue Regierung unter dem Präsidium des aus Ostpreußen kommenden Herrn von Derschau arbeitete. 1751 und 1755 kam Friedrich der Große selber nach Ostfriesland, um das Land in seiner neuen Einrichtung zu inspizieren.

Viel hatte sich in dem Jahrzwölft zwischen 1744 und 1756 geändert. Der bescheidene Hof der Cirksena war verschwunden. Ihr Privatbesitz, zu dem man auch die Hofbibliothek rechnete, war zur Befriedigung der Gläubiger versteigert worden mit der Folge, daß Ostfriesland über keine alte Landesbibliothek verfügt. Die besondere Verwaltung des Harlingerlandes mit der Kanzlei in Esens wurde aufgehoben. Die ständische Steuerwirtschaft, die immer mehr in persönlichen Vergünstigungen versumpft war, wurde zu größerer Gerechtigkeit veranlaßt, erzielte höhere Einnahmen und konnte beginnen, ihre Schulden zu tilgen. Die neue Prozeßordnung des »Codex Fridericianus« räumte mit den verschleppten Prozessen auf, wie denn auch die zwischen Fürst und Ständen beliebten unendlichen Rechtsstreitigkeiten verschwanden. Der Preis für die innere und äußere Beruhigung waren die Gelder, die alljährlich nach Berlin flossen und von dort nicht zurückkehrten. Das waren nicht nur die ständischen Militärablösungszahlungen, sondern auch die fortlaufend steigenden Einnahmen aus den herrschaftlichen Domänen, auf deren Mehrung die Kriegs- und Domänenkammer zu achten verpflichtet war.

Vieles blieb auch beim alten. Die Landwirtschaft, das jahrhundertealte Rückgrat Ostfrieslands, erlebte weiterhin den steten Wechsel von guten und schlechten Ernten, Viehseuchen und -reichtum. Nennenswerte Sturmfluten waren an der Küste nicht zu verzeichnen. Vorsichtig begann die Kammer mit neuen Werken der

Landeskultur; wie wir noch sehen werden, dachte Jhering über die Urbarmachung nach. 1746 wurde die Anlage des Spetzerfehns an den Kommissionsrat Louwermann, ähnlich betriebsam wie Jhering, übertragen. Eine Beurteilung der Zeit ist darum so schwer, weil der Ausbruch des Siebenjährigen Krieges alle aufkeimenden Hoffnungen zerstörte.

Wo jedoch etwas geschah, das war in Emden. Wie ein morscher Baum war die Selbständigkeit der Stadt gefallen, ausgehöhlt durch die wirtschaftliche Not, die sich nicht länger verheimlichen ließ. Zwar hatten die reichen Bürger ihr Geld in der Krummhörn in Landbesitz angelegt und verzehrten die Pachten als behagliche Rentner, ohne ihr Kapital in Geschäften zu riskieren. Die Stadt selbst aber hatte Schulden von über 880 000 Talern bei einer Einwohnerzahl von 8000, von denen drei Viertel Habenichtse waren. Die Kriegs- und Domänenkammer sandte nach preußischen Vorbild ein Mitglied ihres Kollegiums als besonderen »Commissarius loci« (Ortskommissar) nach Emden, der dort seinen Amtssitz nahm und die Verwaltung überwachte. Die Schulden wurden durch einen Zwangsvergleich auf 165 000 Taler reduziert, und wie bei den Ständen sorgte nun eine ordentliche Buchführung dafür, daß die wenigen Einnahmen richtig ausgegeben wurden.

Die Gelder waren jedoch gering, denn der Hafen verlor seine Anziehungskraft durch die fortschreitende Verschlammung des Emsfahrwassers, und je weniger Schiffe kamen, desto geringer waren natürlich die Erträge aus dem Stapelrecht. Die Entwicklung wurde mit der Zeit immer fragwürdiger, besonders für die Kaufleute aus dem aufstrebenden Flecken Leer, die dann (1765) in gewisser Weise von diesem Zwang befreit wurden. Die Stadt Emden erhielt 1751 das Portofranco-Recht, nach dem der reine Warenein- und -ausgang zur See zollfrei war; so sollte mehr Schiffsverkehr herangezogen werden. Die angelandeten Waren wurden aber einem Zoll, dem Licent, unterworfen. Zur Hebung des Handels gründete man 1751 die »Kgl. Preußische Asiatische Compagnie«, eine staatlich privilegierte Aktiengesellschaft, die mit eigenen Schiffen den Handel mit China aufnahm.

Im Siebenjährigen Krieg erlebte Ostfriesland nach über hundert Jahren wieder den Einfall feindlicher Truppen, Geschehnisse, deren Seltenheit sie im nachherigen Geschichtsbewußtsein tiefer, als sie es verdienten, einprägte. Daß das Land gegen einen Feind nicht zu halten sein würde, war König Friedrich II. voll bewußt. In Emden, nach außen hin noch Festung, stand wie eh und je ein preußisches Bataillon. Nach der Niederlage der mit den Preußen verbündeten Hannoveraner besetzten 1757 die Franzosen für die mit ihnen verbündeten Österreicher Ostfriesland. Kaiserin Maria Theresia hatte es ihrem Staatskanzler, dem Fürsten Kaunitz, der die Grafen von Rietberg beerbt hatte, als Kriegsbeute versprochen. Die hohen Kriegskontributionen konnte Ostfriesland einigermaßen aufbringen, und 1758, nach der Schlacht von Minden, mußten die ungebetenen Gäste das Land wieder räumen. Emden wurde nun Nachschubhafen für die aus dem verbündeten England eintreffenden Güter.

Weit mehr Schrecken verbreitete der Marquis Conflans vom 22. September bis zum 5. Oktober 1761 auf einem Streifzug nach Ostfriesland. Er führte ein Corps irregulärer Truppen, wie die preußischen Husaren oder österreichischen Panduren, schnelle Reiter, deren Aufgabe mehr Verwirrung des Feindes als ernsthafte Kriegsführung war, und unter denen sich mancherlei Gesindel verbarg. Wie eine Räuberbande fielen sie ins wehrlose Land ein, wo sie vor Mord nicht zurückscheuten und es binnen vierzehn Tagen fertig brachten, die friedliche Landbevölkerung zu bewaffnetem Widerstand zu reizen. Bevor es noch ärger wurde, verschwand der Haufen wie ein Spuk; in den nicht leichten Verhandlungen mit seinem Anführer gewann der Regierungspräsident von Derschau für immer die dankbare Erinnerung der Ostfriesen.

Landeskultur im tiefen Frieden

Nach dem Frieden von Hubertusburg veranlaßte Friedrich der Große in allen Ländern seines Staates den Wiederaufbau, das sogenannte »Rétablissement«. Anders als etwa im Oderbruch, sollte das in Ostfriesland aus eigenen Mitteln geschehen. Dabei übersahen König wie Kammer, daß nennenswertes Kapital nicht vorhanden war; daher muß man sie mitverantwortlich machen für den Fehlschlag der Moorkolonisation, der die ostfriesische Armut nur vermehrte.

Eigene Gedanken zur Landeskultur waren gefragt. In der Auricher Kammer griff man auf die schon vor dem Kriege von Sebastian Eberhard Jhering entwickelten Vorstellungen zurück, die bisher ungeordnet und je nach Bedarf erfolgenden Ansiedlungen von Landhungrigen in geregelte Bahnen zu lenken. Das aus diesen Ideen hervorgegangene Urbarmachungsedikt von 1765 schnitt nun tief ins ostfriesische Rechtsbewußtsein ein, indem es das althergebrachte Upstreeksrecht begrenzte und das entfernte Ödland hinter den Hofstellen zu Königsland erklärte, das zur Landeskultur ausgetan werden könne. Vergebens hatte der Regierungspräsident von Derschau, ein Nichtostfriese, vor einem derartigen Eingriff gewarnt; und in der Tat mußte bereits 1770 eine Urbarmachungskommission eingesetzt werden, um die aus der Anwendung des Edikts zwischen Alteingesessenen und Neusiedlern erwachsenen Streitigkeiten, wenn möglich gütlich, zu schlichten.

Andererseits drängte der wachsende Bevölkerungsüberschuß zum Handeln. Siedlungsstellen wurden nun vorwiegend an Einheimische vergeben, im Ödland und am Moorrand, wo sie wollten. Auf den Gedanken, vorher Wege anzulegen und für die Entwässerung zu sorgen, kam man nicht; es wäre dafür auch kein Geld vorhanden gewesen. Die Kolonisten erhielten für zehn Jahre Abgabenfreiheit zugesagt. Wer es in dieser Zeit mit der raubbauähnlichen Brandkultur des Buchweizenanbaus schaffte, sein Anwesen auf gute wirtschaftliche Grundlagen zu stellen, wozu die unberechenbaren Faktoren Glück und Gesundheit gehörten, der kam im Lauf der Jahre zu bescheidenem Wohlstand; wem das nicht gelang — und das war die Mehrzahl der Siedler, der lebte als Kolonist in größerem Elend als zuvor. Symbol dieses Fehlschlags wurde die Kolonie Moordorf.

Die Fehnkultur erlebte in der gleichen Zeit eine tiefe Wandlung. Zwar wurden weitere Fehne angelegt: 1736 Warsingsfehn, 1746 Spetzerfehn, 1769 Rhauderfehn, 1780 Ihlowerfehn und 1795 Berumerfehn, aber auf allen Fehnen machten sich die Folgen des Raubbaus bemerkbar. Ein Massenelend wurde nur dadurch vermieden, daß die Fehntjer, die von alters her den Torf nicht nur gruben, sondern auch verschifften, allmählich die Schiffahrt zu ihrem Haupterwerbszweig erhoben. Für die Bedürfnisse dieser Frachtschiffahrt entstanden im letzten Jahrhundertviertel die ersten Werften auf den Fehnen. Das Ganze ist ein sprechendes Beispiel für die im Grunde erfolgreiche Umstukturierung einer in Not geratenen Wirtschaft.

Auch die Eindeichungen nahmen zu. Neben kleineren Unternehmungen sind hier vor allem der Landschaftspolder von 1752 im Rheiderland und der Friedrichsgroden von 1769 im Harlingerland anzuführen. Die Kosten dieser Anlagen trugen — mangels staatlicher Mittel — die Ostfriesischen Stände, welche die neugewonnenen Höfe zu Erbpacht ausgaben. Allein dieser Umstand zeigt, daß die ständische Finanzwirtschaft auf dem Wege der Besserung war. Die Stände selbst dämmerten in Untätigkeit dahin. Seit 1765 tagten nur die Landrechnungsversammlungen, auf denen es zu keinen grundsätzlichen Aussprachen kam. Natürlich spielte auch die Lähmung der Stadt Emden mit, ebenso wie in der Ritterschaft niemand sich gedrungen fühlte, ständische Politik zu vertreten. So nahmen die Stände auch vorerst keinen Anteil an der wachsenden Moor- und Fehnkolonisation; die Kolonisten wurden ebenso wie die Insulaner und die Juden von ihnen nicht repräsentiert.

Ein großer Verlust heimischer Überlieferung, nach dem der Klöster im 16. Jahrhundert, war die Zerstörung der herrschaftlichen Burgen, die auf ausdrücklichen königlichen Befehl nach 1763 nahezu ausnahmslos auf Abbruch versteigert wurden. Wie baufällig sie waren, läßt sich nicht mehr ermitteln. Nur das Schloß in Aurich wurde repariert und zum Behördensitz bestimmt; die Burgen in Wittmund, Esens, Greetsiel — Stammhaus der Cirksena —, Emden und andere kleinere Gebäude verfielen der Spitzhacke. In Emden entstand auf dem Burggelände eine Kaserne für das dort stationierte preußische Bataillon des Generalmajors de Courbière, das durch den eben vereitelten Spießrutenlauf des gepreßten Johann Gottfried Seume in die deutsche Literaturgeschichte eingegangen ist.

Diese Epoche vor der Französischen Revolution brachte Jahre der Ruhe in Europa, Deutschland und Ostfriesland. Die beiden Präsidenten in Aurich, der Regierungspräsident von Derschau und der Kammerpräsident von Colomb, werden alt und müde wie ihr König, der immer noch meint, alles durchschauen zu müssen. Die polnischen Teilungen verstärken das östliche Gewicht der preußischen Monarchie zuungunsten des Westens, in dem das kleine Ostfriesland immer unbedeutender wird. Die Entfremdung zwischen Berlin und Aurich nimmt zu durch den Umstand, daß in der Hauptstadt niemand von Ostfriesland spricht, da die Ostfriesen gegenüber der tonangebenden Schicht Preußens — Militär und hoher Bürokratie — vornehme Enthaltsamkeit üben. Damit wurde aber der Keim gelegt für die spätere Bereitschaft Preußens, Ostfriesland abzutreten.

Der Paukenschlag aus Frankreich (1789) tönte laut genug, um auch hinter den Mooren gehört zu werden. Im letzten Jahrzehnt des 18. Jahrhunderts spürt man allenthalben im Lande neue Lebendigkeit. Nach fünfundzwanzig Jahren tritt wieder ein Landtag zusammen, bei dem um ein Haar der Reichsfreiherr vom Stein als königlicher Kommissar mitgewirkt hätte. Die vorgebrachten Beschwerden zielten erst einmal auf ungenügende Berücksichtigung der Einheimischen bei der Stellenbesetzung, auf Nichteinhaltung der Zusage von 1744, die Beamten auf die ostfriesischen Akkorde, namentlich den von 1611, zu verpflichten und auf zu große Einmischung der Kriegs- und Domänenkammer in die ständischen Geschäfte. Davon wurde der zweite Punkt bewilligt.

Auch die Fehn- und Moorkolonisation geriet in das Blickfeld der Stände, aber nicht um der dort herrschenden Not willen, sondern wegen der Beschneidung des Upstreekrechts und der Schwierigkeiten der Entwässerung. Die erste Klage gab den Anlaß, die schon lange fragwürdig gewordene Moorkolonisation in der bisherigen Form einzuschränken. Die zweite Beschwerde berührte einen wunden Punkt in der Landeskultur, der bis in die Gegenwart hinein Ostfriesland plagt: je mehr Ländereien urbar gemacht werden, um so mehr Wasser, das bis dahin in ihnen versickerte, muß abgeleitet werden. Diejenigen, die ihr Land entwässern, bescheren den näher zum Meer gelegenen ungewollt Überschwemmungen, und die Schwierigkeit besteht darin, Ursache und Wirkung genau zu erkennen, zumal eine eindeutige Schuldzuweisung häufig unmöglich ist. Diese Zusammenhänge hat man damals noch nicht durchschaut. Sie wurden offenbar in den Schwierigkeiten der Torfschiffahrt mit dem durch die Siele geregelten Wasserstand in Kanälen und Tiefs. Die Schiffahrt verlangte hohes, die Landwirtschaft niedriges Wasser.

Ferner erörterte man auf dem Landtag die Frage des Treckfahrtkanals von Emden nach Aurich, eine seit 1630 verfolgte Idee vorzugsweise Emder Kaufleute. Es ging darum, die bisher schon bis Riepe bestehende Wasserverbindung zu einem Kanal nach Aurich zu erweitern, um wenigstens Emden und der Hauptstadt eine gute Verkehrsverbindung in den schlechten Monaten des Jahres zu verschaffen. Auch hier hatte der Staat kein Geld. Endlich bildete sich eine private »Treckschiffahrts-Sozietät«, die von 1796 bis 1799 den Kanal baute und mit Ausschließlichkeits-Privileg betrieb. 1804 erwog man dann dessen Verlängerung nach Wittmund, wie man auch über einen Kanal von Weener nach Neuschanz mit Anschluß an das niederländische Wasserstraßennetz nachdachte. Darin aber glaubte die Stadt Emden alsbald die Gefahr einer Umgehung ihres Stapelrechts zu sehen und protestierte.

Man war damals hochgemut in Emden, denn nach dem preußischen Waffenstillstand mit Frankreich (1795) und der französischen Besetzung der Niederlande diente die Stadt abermals, wie zu Ende des 16. Jahrhunderts, als Ersatzhafen. Als dann gar England 1803 das französisch besetzte Hannover blockierte, wurde Emden zum einzig freien Hafen an der deutschen Nordseeküste. Das viele Geld in Emden führte zum wirtschaftlichen Aufschwung in Ostfriesland, nur bedachte man nicht, daß diese Entwicklung nur eine Scheinblüte war, denn sie hing ab von dem Kriegszustand zwischen England und Frankreich und der preußischen Neutralität.

In diese so unruhigen Jahre fällt zugleich der Beginn des Fremdenverkehrs, der heute die tragende Säule der ostfriesischen Wirtschaft ist. Schon 1783 hatte der Juister Pastor Janus, um seinen notleidenden Pfarrkindern zu helfen, auf die aus England kommenden medizinischen Erkenntnisse über den Nutzen der Seebäder hingewiesen. 1797 aber war es der Medizinalrat Friedrich Wilhelm von Halem, der die Stände dazu überredete, auf Norderney ein Seebad einzurichten. Der ständische Präsident, der Freiherr Edzard Maurits zu Inn- und Knyphausen, der damals nach englischer Manier den Schloßpark in Lütetsburg umgestalten ließ, beteiligte sich mit eigenem Vermögen daran. Im Jahre 1800 wurde auf Norderney das zweite deutsche Seebad, nach Doberan (Mecklenburg), eröffnet, und schon 1804 zählte man fünfhundert Besucher. Es war ein Zeichen des gewachsenen Selbstbewußtseins der Landstände, daß sie nun anfingen, sich für die Landeskultur Ostfrieslands einzusetzen. Sie sorgten nicht nur für Norderney, sondern zahlten auch Zuschüsse zu Wasserbauarbeiten auf den anderen Inseln. Gleichzeitig nahmen sie den niederländischen Feldmesser Willem Camp in ihren Dienst, der die seit Jahrzehnten überfällige erste Landesaufnahme Ostfrieslands anfertigte.

Ein Jahrzehnt des Hin und Her

Die eben beschriebene Idylle wurde jäh gestört, als sich im Frühjahr 1806 Preußen auf seinem Irrweg in die Katastrophe von Frankreich zur Besitznahme Hannovers überreden ließ. Sofort sperrte die britische Marine nach Elbe und Weser auch die Ems, wodurch die Schiffahrt nach Emden aufhörte. Vorbei war es mit dem leichten Geldverdienen. Im Oktober 1806, nach dem Sieg Napoleons bei Jena und Auerstädt, rückten Truppen aus seinem Satelliten, dem Königreich Holland, das er seinem Bruder Ludwig überlassen hatte, im Lande ein und besetzten es, ohne Widerstand zu finden. Die preußischen Soldaten waren schon vorher abgezogen.

Im Frieden von Tilsit im Sommer 1807 trat Preußen seine gesamten Westgebiete ab. Ostfriesland wurde ein Departement im Königreich Holland, verringert um das Rheiderland, das zum Departement Groningen geschlagen wurde, und vermehrt — Edzards I. Traum — um das Jeverland mit der Herrschaft Kniphausen. Im Juli 1810 verzichtete Ludwig Napoleon auf seine Königsherrlichkeit; sein Land wurde Frankreich einverleibt. Ab 1. Januar 1811 war Aurich die Hauptstadt des »Département de l'Ems Oriental«, das eines der 130 gleichmäßig nach französischen Zentralitätsprinzipien regierten Departements werden sollte. Ehe es soweit war, brach aber im November 1813 die Franzosenherrschaft binnen weniger Tage zusammen; Ostfriesland mit dem Rheiderland ohne das Jeverland wurde wieder preußisch und am 15. Dezember 1815 an Hannover abgetreten.

Daß es bei diesem ständigen Wechsel nicht zu einem Chaos kam, lag nicht nur am bedächtigen ostfriesischen Charakter, sondern auch daran, daß die Verwalter des Landes, abgesehen von den ausländischen Präfekten, nahezu dieselben blieben. Probleme der Kollaboration mit dem »Feinde« kannte man nicht. Gerichts- und Konsistorialpräsident war in der ganzen Zeit der aus Kleve stammende Reinhard Friedrich Schlechtendahl. Der letzte Kammerpräsident von Bernuth nahm Dienst in Holland. Unter den Präfekturräten ist vor allem Tileman Dothias Wiarda zu erwähnen, der bedeutendste Geschichtsschreiber Ostfrieslands. In der Nachfolge Mösers und anderer Zeitgenossen hatte er seit 1791 eine Ostfriesische Geschichte verfaßt, gestützt auf die Akten der Stände, deren Sekretär er war. Durch seine lebendige Erzählung des ostfriesischen Mittelalters, die er noch ganz unkritisch vortrug und aus der viele Nachfolger schöpften, hat er das ostfriesische Geschichtsbild bis heute geprägt. Als Verwaltungsbeamten blieben ihm üble Erfahrungen nicht erspart, wie die Auseinandersetzungen mit den Fehntjern, welche die Einberufung zum französischen Kriegsdienst verweigerten, die er zwar von Herzen verstand, ohne daß darunter seine Pflichterfüllung gelitten hätte.

Nicht von Amts wegen tätig, aber seiner Geschicklichkeit wegen vielfach in Anspruch genommen wurde der ehemalige Auricher Gastwirt Conrad Bernhard Meyer, ein wahrer Tausendsassa praktischer Begabungen. Seit den neunziger Jahren verfolgte er die Behörden mit seinen Vorschlägen: ob das die Pflasterung der städtischen Straßen und deren Beleuchtung war oder die Guillotine, die zu verbessern er sich 1813 anheischig gemacht hatte. Er vermaß mit Camp die Trasse des geplanten Kanals nach Wittmund und sollte 1813 für die Verbreitung der eben angelieferten französischen Dezimalmaße und -gewichte sorgen. An der Treckschiffahrts-Sozietät war er leitend beteiligt. Als architektonischer Autodidakt erbaute er einige der schönsten Gebäude in Aurich, darunter 1812 die reformierte Kirche. Nach 1815 pachtete er die Wirtschaft des Seebades Norderney; er verlor jedoch ebensoviel Geld bei seinen Unternehmungen, wie er gewonnen hatte.

Diese Epoche der ostfriesischen Geschichte besitzt den eigentümlichen Reiz des Gewaltsam-Unvollendeten, da sie im November 1813 unvermittelt abgebrochen wurde und man erst allmählich merkte, daß man ihre Ergebnisse nicht ungeschehen machen konnte. Da war etwa das Ende des ostfriesischen Rechts, dessen Geltung, die das in den neunziger Jahren eingeführte Allgemeine Preußische Landrecht noch nicht angetastet hatte, mit der Übernahme des »Code Napoléon« 1808 endete. Im gleichen Jahr wurden die ostfriesischen Stände regelrecht aufgelöst. Es verschwanden die Vorrechte, wie das Stapelrecht in Emden oder die Befugnisse der Herrlichkeiten. Den Juden wurde die Gleichberechtigung gewährt, und die Gewerbefreiheit fegte wie ein Sturm durch die zünftigen Handwerksstuben. Jedermann konnte eine Mühle bauen, falls der Wind nur recht wehte, und die auf Zeit verpachteten Staatsdomänen wurden öffentlich zum Kauf ausgeboten.

Bei dieser Frage aber zeigte sich erstmals ein Pferdefuß, der diese Jahre immer bedrückender machte, die finanziellen Forderungen des Staates nämlich. Nur wenige Domänen wurden veräußert, weil der holländischen Verwaltung die Kaufgebote zu gering erschienen. Stattdessen sonderte man im Jahre 1810 gewisse Erbpachtdomänen, die insgesamt 60 000 Gulden jährlich einbrachten, zu Gunsten der Zeichner einer in Amsterdam aufgelegten Anleihe von drei Millionen Gulden aus, die u.a. aus Ostfriesland 2% ihrer Zinsen erhielten. Erst fünfzig Jahre später konnte das Königreich Hannover wieder über diese Güter verfügen.

Trafen diese Belastungen das öffentliche Eigentum, so wurden die Einwohner — nach dem Schrecken der ersten Kriegskontributionen — mit dem französischen Steuer- und Zollwesen belastet, das zudem noch viele Ausländer ins Land brachte. Niemand konnte sich so recht an das ganz fremde System gewöhnen, wozu beispielsweise die Veröffentlichung der Namen der Höchstbesteuerten gehörte. Die Zollverwaltung, welche die von Napoleon gegen England verhängte Kontinentalsperre streng überwachte, führte zu einer Blütezeit des Schmuggels. Die ostfriesischen Inseln dienten dabei als Verbindungsglied zwischen dem seit 1807 britischen Helgoland und dem Festland.

Wer weiß, wie dieser Widersinn von Reform und Ausbeutung weitergegangen wäre, wenn nicht im November 1813, nach Napoleons Niederlagen, Ostfriesland zurückgewonnen worden wäre. Russische Kosaken waren die ersten Vorboten. Die Franzosen und ihre Gefolgsleute verschwanden wie ein Spuk, der ehemalige Kammerpräsident von Bernuth trat an die Spitze der einstweilen Landesdirektion genannten Behörde, und mit mäßiger Begeisterung folgte man den preußischen Aufrufen sich freiwillig zum

Militär zu melden. Den politisch urteilenden Ostfriesen — und daß es solche gab, war eine Frucht der vergangenen zehn Jahre — mußte es nun zu denken geben, daß man preußischerseits gar keine Anstrengungen unternahm, die Verhältnisse des Landes neu zu ordnen. Und im Mai 1814 sickerte durch, was viele mit ungläubigem Erstaunen erfüllte: Preußen würde Ostfriesland an das neue Königreich Hannover abtreten, wie es zum Jahresende 1815 auch geschah.

Für die am Alten hängende Bevölkerung war es ein Schock, dessen Wirkungen noch heute im ostfriesischen Geschichtsdenken nachklingen.

So hat man viel darüber gerätselt, warum Preußen die kleine Provinz fallen ließ, die Hannover mit Hilfe Englands — dank der Personalunion — erhielt. Das insulare Königreich nämlich hatte Preußen 1813 Kriegsmaterial im Werte von 600 000 Pfund Sterling geliefert, die nicht anders bezahlt werden konnten als mit der Abgabe von Landesteilen an das festländische Königreich, unter denen das ehemalige Fürstbistum Hildesheim unstrittig war, aber nicht ausreichte. Hannoverscherseits war es der Graf Münster, Minister beim König in London, der seine Kollegen in Hannover überredete, ihre Bedenken gegen eine Einverleibung Ostfrieslands hintanzusetzen. Münster selbst kaufte nach 1815 die Herrlichkeit Dornum und bezeugte damit sein eigenes Interesse am Land. In Großbritannien sah man vielleicht im Hafen Emden ein bequemes Einfallstor zum Kontinent.

Aber Preußen? Die einzige Erklärung bietet die Staatsräson. Ein Opfer mußte gebracht werden und wurde vielleicht erleichtert durch die oben angedeutete Entfremdung zwischen Berlin und Aurich. Es wird noch zu berichten sein, wie nach dem Schock der Abtretung die Ernüchterung der Gemüter zu einem preußischen Mythos führte.

Schwieriger Neuanfang im Königreich Hannover

Die Abtretung Ostfrieslands an Hannover vollzog sich in feierlicher Form im Auricher Schloß am 15. Dezember 1815. Zum ersten Male traten wieder offiziell die ostfriesischen Stände auf, die alsbald die Wiederherstellung der alten ständischen Verfassung einschließlich der Steuergerechtigkeit forderten. Damit wurde ein Thema berührt, das bis in die Jahrhundertmitte hinein das Vertrauen zwischen Hannover und seiner Neuerwerbung belastete. Selbstverständlich sprachen die Stände auch damals nicht im Namen aller Einwohner, deren Mehrheit die Sorge um das tägliche Brot viel zu sehr beschäftigte, sondern für die Minderheit in Städten und Marschen, die von den neuen liberalen Vorstellungen beeinflußt war.

In Hannover verhielt man sich diesen Rufen gegenüber ablehnend, weil man die Neueinrichtung des Landes mit den Ständen des ganzen Königreiches vornehmen wollte. Die schwierigste Frage war die der Verschmelzung der neuen mit den altwelfischen Landesteilen. Bayern, Württemberg oder Baden zum Beispiel hatten dieses Problem vor 1815 ohne ständische Mitwirkung gelöst, Preußen gleichfalls seine Reformgesetze seit 1808 als königliche Dekrete erlassen. Die ständische Mitarbeit war für Hannover nicht nur aus Tradition, sondern auch mit Rücksicht auf Großbritannien unerläßlich, und der Streit der Regierung mit den ostfriesischen Ständen ging nur um die Frage: Sollte man zuerst Regelungen für das ganze Königreich treffen und dann für seine Landesteile oder umgekehrt? Das ostfriesische Beharren auf dem letzten Punkt hat dem Land sehr geschadet, weil der Vizekönig und seine Geheimräte in Hannover die Ostfriesen als unverbesserliche Dickköpfe ansahen und ihnen nicht die angemessene Berücksichtigung entgegenbrachten.

Ostfriesland wurde behutsam auf hannoverschen Fuß gesetzt und bildete den Bezirk einer Landdrostei und einer Justizkanzlei.

Das Harlingerland verlor die letzten Eigenheiten. Die Ämter, die Verwaltung und Rechtsprechung pflegten, blieben ziemlich unverändert, bis auf die neuen Ämter Weener und Jemgum, die aus den linksemsischen Teilen der Ämter Leerort und Emden gebildet wurden. Die Ämter Pewsum und Greetsiel wurden zum Ärger der Greetsieler zusammengelegt mit dem Amtssitz in Pewsum. Die Herrlichkeiten Lütetsburg, Jennelt, Loga, Gödens und Dornum wurden als Patrimonialgerichte wiederhergestellt. 1823 wurde der Flecken Leer zur Stadt erhoben, eine überfällige Entscheidung. Die Verfassungen der anderen Städte wurden modernisiert. Auf dem Lande brachte eine Neuerung viel Verdruß: die gewählten Gemeindevorstände, die Bauermeister, bedurften der amtlichen Bestätigung.

Die hannoversche Regierung war sich durchaus bewußt, daß Ostfriesland ein besonderer Teil des Königreiches war. 1818 wurde den Beamten eigens befohlen nie zu vergessen, daß in dieser Provinz die persönliche Freiheit stets anerkannt worden sei und der Begriff »Untertan« auf die Bewohner nicht angewandt werden dürfe. Dennoch hat man oft den Vorwurf einer landfremden Verwaltung erhoben. Abgesehen davon, daß man dies auch für die vorhergehende preußische Zeit sagen kann, sollte man bedenken, daß etwa ein Mann wie der Geheimrat Christian Sethe, seit 1803 in Aurich und mit einer Emderin verheiratet, von 1815 bis 1858 ruhender Mittelpunkt der Landdrostei war, oder daß die Oberamtmänner Zimmermann und Conring, die von 1815 bis 1850 dem Amt Aurich, dem größten im Bezirke, vorstanden, eingesessene Ostfriesen waren, von anderen ganz zu schweigen. Die Bürgermeister der Städte waren Einheimische, soweit sie sich um diese Stellen bewarben. Hannoversches Militär war nur gelegentlich im Lande, und das milde Wehrpflichtgesetz ließ Stellvertreter zu.

Bis zum Ende der Personalunion zwischen England und Hannover (1837) zieht auch Ostfriesland Nutzen daraus, vor allem seine Schiffahrt. Sie wurde ja längst nicht mehr nur von Emden aus betrieben, Leer, Weener, Norden und viele Sielhafenorte beteiligten sich daran, und auch auf den Fehnen ging man immer mehr zur großen Fahrt über. Die hannoverschen Schiffe fuhren unter einer der englischen ähnlichen Flagge, und die britischen Konsuln waren oft auch für hannoversche Angelegenheiten zuständig; denn viele Schiffe betrieben immer mehr die Trampschiffahrt, d.h. sie nahmen Ladung, wie und wo sie sie fanden.

1824 regulierte Hannover seine Grenzen mit den Niederlanden. Für den Dollart, der eingebrochen war, als es noch keine Grenze gab, ließ man es bei dem im 18. Jahrhundert erzielten Kompromiß eines rechtwinkligen niederländischen Territorialausschnitts bewenden; für den Unterlauf der Ems konnte man sich nicht einigen. Hannover bestand aufgrund der Konstituierung der Grafschaft (1464) auf dem westlichen Niedrigwasser als Grenze, die Niederländer sahen die Strommitte als gegeben an. Dieser Vertrag gilt noch heute. Er markiert sozusagen den Anfang vom Ende des jahrhundertealten westlichen Einflusses auf Ostfriesland und den endlichen Beginn der Öffnung des Landes nach Deutschland. Sinnbildlich steht für diesen Vorgang das allmähliche Verschwinden des Gebrauchs des Niederländischen als Hochsprache in den reformierten Landesteilen.

Das hannoversche Gemeinheitsteilungsgesetz von 1842 brachte für die ostfriesische Landwirtschaft eine tiefgreifende Umwälzung. Zwar hatte man schon in der späten preußischen Zeit mit solchen Teilungen begonnen, aber nun konnten sich unternehmerische Kräfte unter den Bauern frei entfalten, gerade auf der hier besonders betroffenen Geest. In den Marschländereien vollzieht sich zu gleicher Zeit eine große Umstellung der Lebensgewohnheiten durch das Zerbrechen der Tischgemeinschaft zwischen Herr und Knecht. Die Landarbeiter fangen an, für sich zu leben und verlieren die althergebrachte Anhänglichkeit an den Bauern; damit verschwinden die letzten Spuren dessen, was einst einen ostfriesischen Häuptling ausmachte.

Die Binnenkolonisation schreitet in geringem Maße fort; doch reicht sie nicht mehr aus, um den Bevölkerungsdruck aufzufangen. So beginnt in der ersten Jahrhunderthälfte die Auswanderung, vornehmlich in die Vereinigten Staaten von Amerika, wo die Ostfriesen sich bemühten, in ihren Siedlungen zusammenzubleiben. Man schätzt, daß etwa 6-7% der Bevölkerung auswanderten, wobei nach dem eben Gesagten nicht wundert, daß die

Krummhörn einen höheren Anteil stellte. Sehr bezeichnend für den Volkscharakter ist, daß diese Übersiedlungen sich stark in verwandtschaftlichen und nachbarschaftlichen Gefügen bewegten: einer zog den anderen nach.

Die Auswanderung ist nur ein Ausdruck der Armut, die damals in Ostfriesland herrschte; ein anderer ist bis heute mit dem Namen der Kolonie Moordorf verknüpft mit allen Folgen übler Nachrede. Weil man dort zu arm war, um einen Lehrer unterhalten zu können, richtete die Landdrostei eine Armenschule ein, deren Lehrer von Amts wegen kärglich besoldet wurde und sich möglichst schnell um eine bessere Stellung bemühte. Darum war die Schule oft verwaist, und die Kinder trieben sich bettelnd herum und plagten vor allem die Städter im benachbarten Aurich, wie man der »Erdbeschreibung« des Fridrich Arends von 1824 entnehmen kann, der sie als Wilde bezeichnet. Dem Pfarrer Rudolf Christoph Gittermann aus Eggelingen war es dann 1842 vorbehalten, das unheilvolle, mündlich wohl schon vorher verbreitete, Wort über Moordorf zu schreiben: »Ursprünglich von Zigeunern bevölkert«.

Das ging zweifellos auf das etwas verwilderte Aussehen vieler Moordorfer zurück und leuchtete vielen Ostfriesen ein, obwohl es überhaupt nicht stimmte. Druck erzeugt Gegendruck: der Ablehnung der Moordorfer entsprach deren Entschlossenheit, ihrem Ruf gerecht zu werden. Es entwickelte sich mitten im heilen Ostfriesland eine Eiterbeule gegenseitiger Vorurteile, die — um dies hier vorwegzunehmen — in der nationalsozialistischen Zeit dahin führten, daß Einwohner von Moordorf als »minderwertig« im Sinne der Rassenlehre mit allen gesetzlichen Konsequenzen behandelt, d.h. sterilisiert wurden. Spätere Untersuchungen ergaben dann zum Erstaunen ihrer Urheber, daß in Moordorf genau solche Ostfriesen lebten, wie anderswo.

Man möchte nun meinen, daß eine solche Armut im Lande der geeignete Nährboden für Unruhen sein müsse, wie sie im Revolutionsjahr 1848 allenthalben in Deutschland ausbrachen. Das Gegenteil ist eher der Fall. Zwar fanden die Märzereignisse großen Widerhall, aber sozial bestimmte Bedrängnisse äußerten sich lediglich in örtlichen Krawallen. Es war das Bürgertum in den Städten, das sich erregte. Dank dem geschickten Nachgeben des Königs Ernst August verlief sowieso die ganze Revolutionszeit in Hannover gemäßigt; in der Provinz brauchte man keinen hauptstädtischen Aufruhr nachzuahmen.

So blieb es bei einzelnen Aktionen. Da waren die von dem Lehrer Hinrich Janssen Sundermann angeregten Volksversammlungen in Eschen vor Aurich, in denen die Geestbauern ihre Nöte vortragen sollten, oder es bemühte sich der Emder Stadtsyndikus Gottfried Wilhelm Bueren um die Unabhängigkeit Ostfrieslands, Anstrengungen, die nur aus dem tiefen Mißvergnügen über die hannoversche Herrschaft in der Stadt zu erklären sind und wenig Echo fanden. Stärkere Anteilnahme erregte das kurzlebige Deutsche Reich des Winters von 1848 auf 1849; hier war es die Kriegsflotte, die man schon im Hafen von Emden vereinigt sah. Die von Hannover ausgesprochene Ablehnung der Reichsverfassung führte darum zu Protesten im Lande, von denen die flammende Rede des Rektors Johann Carl Gittermann in Esens, die ihm eine Gefängnisstrafe einbrachte, im heimischen Gedächtnis bewahrt geblieben ist.

Wo waren bei alledem die ostfriesischen Stände, die Bannerherren der Friesischen Freiheit? Vertraten sie gar nicht mehr Ostfriesland? Eigentlich waren sie sogar von Rechts wegen dazu berufen; denn sie hatten 1846 eine neue Verfassung erhalten, die bis 1942 gegolten hat. Damit waren die jahrzehntelangen, oben geschilderten Streitigkeiten beendet worden. Die Verfassung, die jetzt auch das Harlingerland einschloß, sah drei Kurien vor. Die erste war die alte Ritterschaft; zur zweiten zählten die Städte Aurich, Emden, Esens, Leer und Norden; die dritte war der Hausmannsstand. Zur zweiten und dritten Kurie wurden Vertreter von den Besitzenden gewählt. Habenichtse, wohl die Mehrheit der Bevölkerung, aber auch Juden, waren nach wie vor ausgeschlossen. Kein Wunder, daß die Eschener Volksversammlungen des Frühjahrs 1848 an ihnen vorbeigingen.

Mit diesen Zensus-Bestimmungen stand die Verfassung der Landschaft, wie man nun auch die Stände zu bezeichnen anfing, im Einklang mit dem hannoverschen Staatsgrundgesetz, wie sie überhaupt in vielem dessen verkleinerte, auf Ostfriesland zugeschnittene Ausgabe war. Das alte Steuerbewilligungsrecht war auf das der Ausschreibung besonderer provinzieller Abgaben zusammengeschrumpft. Das wichtigste Recht stand in Paragraph 3, nach dem die Stände an der »Provinzial-Gesetzgebung« Anteil haben sollten. Der Erlaß von Gesetzen und Verordnungen, die nur Ostfriesland betrafen, konnte nicht ohne ihre Mitwirkung vonstatten gehen. Eines dieser Gesetze, das erst durch das Boden- und Wasserverbandsgesetz von 1937 und das Deichgesetz von 1963 abgelöst wurde, war die ostfriesische Deich- und Sielordnung von 1853, die viel Segen stiftete. Gleicherweise nützlich erwies sich die von den Ständen unterhaltene Fehnmeliorationskasse, aus der vorzugsweise Beihilfen zum Wege- und Brückenbau und zum Ausbau der Entwässerung bewilligt wurden.

Die deutschen »palen« verschwinden

Wir erinnern uns, daß die weithin vom Moor bestimmten Grenzen Ostfrieslands in der Grafschaftserrichtung 1464 als deutsche »palen« (Grenzpfähle) erscheinen. Diese von der Natur geformte Scheidelinie wird seit der Mitte des 19. Jahrhunderts immer durchlässiger, und zwar durch den Fortschritt der Technik. An erster Stelle ist die Eisenbahn zu nennen, die 1856 mit der hannoverschen Westbahn Emden erreicht. Der Weiterbau scheitert vorerst nicht nur an den hohen Kosten, welche die Gründung eines Schienenbettes in Marsch und Moor erforderte, sondern auch an der Uneinigkeit der ostfriesischen Interessenten, die sich nicht auf eindeutige Streckenvorschläge festlegen konnten. Die Eisenbahn treibt den seit den vierziger Jahren begonnenen Straßenbau vorwärts, wie es das Beispiel der Oldersumer Straße in Aurich zeigt, die zu dem damals nächsten Bahnhof führte. Es werden die Straßen von Leer nach Hesel und von dort nach Aurich und nach Westerstede, von Aurich nach Emden, Norden und Wittmund und die längst überfällige von Neuschanz zur Leerorter Fähre gebaut, um nur die wichtigsten zu nennen. Das hannoversche Wegeverbandsgesetz legt den Ämtern die Pflicht zur Anlage von Verbindungsstraßen auf, zu welchem Zweck Amtsversammlungen gebildet werden, die sich durchweg aus den Bauermeistern der jeweiligen Gemeinden zusammensetzen — die ersten Vorstufen der späteren Kreistage.

Dampfschiffe kommen nach Ostfriesland, von Hamburg und Bremen, andere sind in Emden beheimatet. Sie bringen keine Waren, sondern Menschen in den Sommermonaten vor allem nach Norderney. Nicht nur dort, sondern auch auf den anderen Inseln, zuerst auf Borkum und in bescheidenerem Maße auf Juist, Baltrum, Langeoog und Spiekeroog, nehmen die Fremden zu. Es ist selbstverständlich noch nicht die heutige Fremdenverkehrsindustrie, sondern die Sommerfrische der begüterten Bürger, aber

Ostfriesland wird auf diese Weise in Deutschland bekannt. Dankbar sollte man hier des Königs Georg V. von Hannover gedenken, der alljährlich nach Norderney kam und Leute nachzog, die sehen wollten, wie ein König bürgerliches Badeleben pflegt.

Die zuvor beschriebenen sozialen Probleme bleiben unverändert; nur beginnt der Staat sich langsam für die bisher ausschließlich der Kirche obliegende Armenversorgung zu interessieren und verstärkt seine Aufsicht. Man hört auch ganz moderne Töne, wenn etwa die Landschaft seit 1850 zur »Arbeitsbeschaffung« Landeskulturarbeiten anregt, darunter die Verlängerung des Großefehn-Kanals ostwärts bis an die Jade. Nach langen Verhandlungen scheitert diese Idee 1864 nicht aus technischen Bedenken, sondern durch die Verstimmung Hannovers wegen des neuen preußischen Marineetablissements an der Jade, des jetzigen Wilhelmshaven, das man nicht fördern wollte.

Dem Wasserbau kam immer größere Bedeutung zu. Die fortschreitende Kultivierung des Moores machte die Entwässerungsprobleme immer dringlicher, am meisten im Overledinger Land, wohin die Oldenburger Moore entwässerten. Auch hier griff nun der Staat stärker ein, weil die Sielachten, die oft nur ihren Eigennutz pflegten, überfordert waren. Dafür standen fachkundige Beamte in den Wasserbauinspektionen Leer, Emden, Aurich, Norden und Esens zur Verfügung. Das Ganze ist ein Lehrbeispiel für das heute so beklagte Anwachsen der Allmacht des Staates: die jahrhundertealte Selbstverwaltung mit ihren engen örtlichen Bezügen wird — in diesem Falle durch die von Menschen veranlaßte Naturveränderung — regelrecht überrollt und braucht fremde Hilfe, die aber nicht ohne Einflußnahme gewährt wird.

Die gleiche Entwicklung ist beim Deichbau zu beobachten. Es ist hier nachzutragen, daß es 1825 eine Jahrhundert-Sturmflut gegeben hatte mit großen Schäden auf den Inseln und rund um Emden, das ganz unter Wasser stand. Auf den Inseln — nicht zuletzt bedingt durch den wachsenden Fremdenverkehr — beginnen nun in großem Maße die Arbeiten zur Inselerhaltung. Durch feste Steinbauten hält man die West-Ost-Wanderung der Eilande auf und baut Deiche auf ihren durch Dünen ungeschützten, zum Watt gelegenen Südseiten. In Emden grub man 1847 endlich ein neues Fahrwasser, den Anfang des gegenwärtigen Hafens, das an der ehemaligen Insel Nesserland mit einer Schleuse abgeschlossen wurde. Der ostwärts liegende Teil wurde unter dem Namen Königspolder eingedeicht. Aufgrund der Deich- und Sielordnung mußten alle Deich- und Sielachten ihre Rollen, die Verzeichnisse der beitragspflichtigen Ländereien, überprüfen, und das ging nicht ohne kräftige staatliche Nachhilfe.

Es bildet sich die erste Interessenten-Organisation, ohne die man heutzutage nicht auszukommen glaubt und die in einer Gegend wie Ostfriesland nur landwirtschaftlich geprägt sein kann: der 1849 gegründete Landwirtschaftliche Provinzialverein, später Landwirtschaftlicher Hauptverein für Ostfriesland. In einer Zeit, wo die bis dahin geschlossenen europäischen Agrarmärkte durch überseeische Einfuhren ins Wanken zu geraten drohten, verstand sich der Verein als Helfer seiner Mitglieder durch Belehrung nach unten und Vertretung nach oben. Von nun an wird er ein stiller aber stetiger Begleiter der ostfriesischen Geschichte und ersetzt zumindest auf landwirtschaftlichem Gebiet die Stände, mit denen er durch die leitenden Personen noch jahrzehntelang eng verbunden ist.

Überall zieht die neue Zeit ein, auch hierzulande. Hannovers Anschluß an den Deutschen Zollverein zwingt manchen in Ostfriesland, erneut auf altes Herkommen zu verzichten, wie etwa den reformierten Kirchenrat in Leer, dem eine wesentliche Einnahmequelle durch den Verlust der alleinigen Waagegerechtigkeit entgeht. Mit der Verwaltungsreform nach 1848 werden Justiz und Verwaltung getrennt. Es gibt seit 1859 je ein Amtsgericht und Amt in Aurich, Berum, Emden, Esens, Leer, Stickhausen, Weener und Wittmund und ein Amtsgericht in Norden. Man hatte die Ämter Norden und Berum vereinigt zum großen Ärger der Norder mit dem Amtssitz in Berum. Die hannoversche Städteordnung von 1852, novelliert 1859, gibt den Städten größere Rechte in der Selbstverwaltung, schafft aber auch, gerade in Emden, politischen Zündstoff mit der Bestätigung der Senatorenwahlen; denn dort beliebte man, sein Mißbehagen an den Zuständen durch die Wahl der Regierung nicht genehmer Personen auszudrücken.

Dieses Unbehagen, vor allem in den westlichen Landesteilen, gründete sich auf die Überzeugung, eine preußische Herrschaft wäre besser als die hannoversche, ohne daß man sich bewußt wurde, daß auch in Preußen das 18. Jahrhundert Vergangenheit war. Ein Schlaglicht aus dieser Stimmung heraus war der Streit um den dritten Band der ostfriesischen Geschichte von Onno Klopp auf der Landrechnungsversammlung 1858. Klopp, der Leeraner Literat, hatte für die ersten beiden Bände seiner Geschichte einen ständischen Zuschuß erhalten. Als es um die Bewilligung für den folgenden ging, lehnte man diesen ab mit der Begründung »darin ausgesprochener feindseliger Tendenzen gegen Preußens größten Monarchen«, nämlich Friedrich den Großen. Dabei hatten die wenigsten das Buch gelesen; es leuchtete der ständischen Mehrheit aber aus der oben geschilderten Stimmung heraus ein, wenn von ihrem Vorredner ein Buch verrufen wurde, das preußische Zustände nicht nur lobte.

Onno Klopp wurde daraufhin zum überzeugten Anhänger des Königs Georg V. von Hannover, so überzeugt, daß er als einziger nicht zum Hof Gehöriger dessen Verbannung in Wien nach 1866 teilte. Zwischen 1868 und 1872 war noch ein anderer Ostfriese in Wien, den Kaiser Franz Joseph geadelt hatte: Rudolph von Jhering, der sich mit Klopp wohl wenig zu sagen hatte, da er die Heimat aus Widerwillen gegen Hannover verlassen hatte. Jhering, mit dem seine Familie nach dreihundert Jahren Aufenthalt in Ostfriesland, wo sie eine den Wiardas und Conrings ähnliche Beamtendynastie gewesen war, wegzog, war einer der berühmtesten Rechtsgelehrten der Welt. Im Gegensatz zu der vorherrschenden romantischen Schule eines Savigny stellte er ganz nüchtern — und darin zutiefst Ostfriese — das Recht als Zweck dar, um das man zur Behauptung im täglichen Leben kämpfen müsse.

Das Königreich Hannover ist nicht zuletzt darum untergegangen, weil es seinen Geburtsfehler, die Vereinigung altwelfischer mit nichtwelfischen Gebieten, nicht überwinden konnte. Je widerspenstiger man sich in den neuen Landesteilen zeigte, desto unbedachter handelte man in Hannover. Da konnte es dann geschehen, daß das Obergericht in Aurich 1855 zweimal in die deutsche Rechtsgeschichte einging. Im Oktober erklärte es das königliche Patent vom August, das die Verfassung eingeschränkt hatte, nicht für rechtens; im Dezember sprach es im Schwurgerichtsverfahren politische Angeklagte von dem Vorwurf der Majestätsbeleidigung frei. In beiden Fällen reagierte die Regierung hastig mit neuen Gesetzen; im ersten Fall dazu mit der Strafversetzung des Urteilsverfassers, des Gerichtsassessors Planck, obwohl dieser schon nach Aurich verbannt worden war. Planck war später einer der Väter des Bürgerlichen Gesetzbuches von 1900.

Wie ein letzter goldener Abendschein vor der düsteren Nacht erscheint uns darum die 50-Jahr-Feier der Zugehörigkeit Ostfrieslands zum Königreich Hannover, die im Dezember 1865 in Aurich festlich begangen wurde. Vorher hatte es unter den Ständen bittere Auseinandersetzungen gegeben; denn der dritte, der Hausmannsstand, war gegen die Einladung des Königs und stimmte gegen das Fest. Als es dann aber soweit war, kamen alle nach Aurich, um Georg V. und den Kronprinzen zu feiern. Selbst die Betonung des Wertes der Erbverbrüderung von 1691 in der königlichen Ansprache warf nur einen kurzen Schatten auf den Glanz. Georg V. und sein Hofstaat, darunter Onno Klopp, konnten in ihre Hauptstadt zurückkehren mit dem Gefühl, endlich werde man auch in Ostfriesland gut hannoversch werden. Wie grausam sie sich getäuscht hatten, dessen wurden sie binnen eines halben Jahres belehrt.

Zieht man eine Bilanz dieses hannoverschen Halbjahrhunderts, so hat nicht nur der anfänglich starke, später abgeschwächte Widerwille vieler Ostfriesen, sondern auch ihre Uneinigkeit dem Lande insofern geschadet, als die Regierung in Hannover sich scheute, mit Macht Vorhaben, gerade im Wasserbau, durchzusetzen, die daraufhin im Sande verliefen. Aus der Landdrostei, in der man früh mit diesem Widerspruch zu leben gelernt hatte, kamen keine Anregungen. Sie galt schon den Zeitgenossen als »Briefkastenbehörde«. Was geblieben ist, sind die Bauten: nicht so sehr die vielen neuen Schulen, von denen die meisten wieder abgerissen worden sind, als neben vielen Amtsgebäuden und Bahnhöfen an erster Stelle das Schloß in Aurich, das auf dem Grundriß der zerfallenen Cirksena-Burg 1852 neu gebaut wurde.

Wieder preußisch im zweiten Kaiserreich

Der kurze deutsch-österreichische Krieg des Sommers 1866 ist seit langem als das Ereignis anerkannt, das die deutsche Geschichte bis 1945 bestimmt hat und daher weltgeschichtlichen Rang verdient. Hannover spielte darin dank des blinden Stolzes seines Königs und seiner Ratgeber eine kleine, wenn auch ehrenhafte Rolle. Man weigerte sich, dem von Preußen angebotenen Bund beizutreten, und nach dem Gefecht von Langensalza am 27. Juni blieb der hannoverschen Armee am 29. Juni nur noch die Kapitulation. König Georg V. verließ das Land seiner Väter, um in Wien Hilfe bei dem österreichischen Kaiser zu suchen. Dieser konnte nur den ihm in mancherlei Hinsicht näherstehenden König von Sachsen bei den Friedensverhandlungen retten. Hannover wurde Preußen einverleibt, aber nur äußerlich. Die Annexionen von 1866 und die Reichsgründung von 1871 haben das Königreich Preußen stärker verwandelt, als es seinen Konservativen lieb war, und Hannover hat daran seinen gerüttelten Anteil.

Ostfriesland ist von diesem Krieg nicht berührt worden, wenn man von der Gefangennahme des Landdrosten Nieper in Aurich absieht. Kaum sah man preußische Soldaten, wurden die unterdrückten Sympathien wach. Schon vom 24. Juni — vor den Entscheidungen von Langensalza und Königgrätz — datiert der erste Aufruf des Senators Carl Dantziger in Emden und seiner Freunde in der Krummhörn, für preußische Verwundete, nicht etwa Hannoveraner, zu spenden. Die Mehrzahl der Bevölkerung blieb ruhig. Die Mühen des Tages ließen keine Zeit für politische Debatten, und die Verwaltung arbeitete weiter, als wäre nichts geschehen. Einzig die Steuerzahler bekamen die Kriegskosten zu spüren.

Das wurde anders, als die Einverleibung bekannt wurde. Ein bis dahin nie dagewesener Meinungsstreit hub an über die Frage, ob das Ländchen weiter die Geschicke einer preußischen Provinz

Hannover teilen oder als besonderer Regierungsbezirk in der Provinz Westfalen, als dessen naturgegebenen Hafen sich Emden fühlte, aufgehen solle. In aller Stille hatte sich unterdessen Bismarck längst entschlossen, das Königreich unverändert in eine Provinz Hannover umzuwandeln. Um die Jahresmitte waren hannoversche Vertrauensmänner, eine Art Parlamentarierdelegation, in Berlin, um die preußischen Ministerien über die Einrichtung der neuen Provinz zu beraten. Für Ostfriesland führte dabei das Wort der Graf Edzard zu Inn- und Knyphausen, Landschaftsrat und Vorsitzender des Landwirtschaftlichen Hauptvereins, der seinem König Georg V. bis zu dessen Tod (1878) die Treue gehalten hat.

Das Ergebnis der Verhandlungen war eine eigene Provinzialverwaltung für Hannover, zu deren Gunsten die ostfriesischen Stände die letzten Reste der ihnen 1846 zugestandenen Befugnisse gesetzesberatender Art verloren. Eine große Geschichte ging damit still zu Ende. Ostfriesland blieb eine besondere Landdrostei mit dem Hauptort Aurich, ein Ergebnis, das allen Ostfriesen, ob hannoveranisch oder preußisch gesinnt, das wichtigste war. Sonst aber war die Errichtung der neuen Provinz eine schwere Enttäuschung für die Anhänger Preußens, die doch in allen Eingaben ihre Anhänglichkeit an die Monarchie des großen Friedrich unterstrichen hatten.

Eine damals erschienene Broschüre hat ein seltsames Schicksal gehabt. Zum Jahresende 1867 kam in Berlin die anonyme Schrift heraus: »Ostfrieslands politischer Charakter, historisch betrachtet«. Ihre Heimat hat sie im Kreis der Emder Preußenfreunde; denn der Bürgermeister Hantelmann hat sie zum Druck befördert. Der Autor versuchte nachzuweisen, welch gute Preußen die Ostfriesen seit den Tagen des Großen Kurfürsten gewesen seien. Das Büchlein wäre vollkommen vergessen worden wie alle seine Schicksalsgenossen, wenn es nicht H.F.W. Perizonius, der seit 1868 eine Geschichte Ostfrieslands vorlegte, mangels Besserem zur Grundlage seiner Darstellung des 19. Jahrhunderts gemacht hätte. Da sein Werk jahrzehntelang die einzige Geschichte für jene Zeit war, fanden die von ihm übernommenen Angaben über die schlimme hannoversche Zeit, welche in der Schrift polemisch zugespitzt worden waren, Aufnahme im ostfriesischen Geschichtsverständnis.

Diesen verspäteten Sieg haben sich die ostfriesischen Preußenfreunde damals nicht träumen lassen, zumal die Wirklichkeit fortlaufend ihren Vorstellungen widersprach. Das Preußen von 1866 war eben nicht mehr das von 1806, aber Hohn und Spott hätten sie geerntet, hätten sie sich darüber laut beklagt. So mußten sie stumm zusehen, wie die preußische allgemeine Wehrpflicht alle Träume von der Friesischen Freiheit Wunschdenken werden ließ. Statt der »landfremden« Hannoveraner wirkten jetzt preußische Beamte und Richter, die sich mit weit größerer Mühe zurechtfanden. Die Gewerbefreiheit stellte gar in den Städten — wie bereits 1812 — alte liebgewordene zünftlerische Denkgewohnheiten auf den Kopf.

Auf dem platten Lande führte die im Gegensatz zu hannoverschen Gepflogenheiten gestattete Konzessionsfreiheit des Alkoholausschanks zu ernsten Schwierigkeiten. Seit Menschengedenken trinkt man in allen Frieslanden Branntwein. Nach 1866 nahm aber der Alkoholmißbrauch gerade unter der ärmeren Bevölkerung in Ostfriesland derart zu, daß man in der Landdrostei auf Abhilfe sann und auf das weltfremde Mittel der Säufertabellen verfiel. Die Gemeinden mußten die notorischen Trinker melden, wobei sie natürlich nur die sozial Schwachen, die im Dorf nichts galten, aufführten, deren Namen dann in den Schenken öffentlich angeschlagen wurden mit dem Verbot, ihnen Branntwein zu verkaufen. Daß die Betreffenden jeden Freund nach dem begehrten Schnaps schicken konnten, hatten die klugen Erfinder dieser Maßregel nicht bedacht. Auch die damals weitverbreiteten Mäßigkeitsvereine konnten dieses soziale Problem Ostfrieslands nicht lösen.

Nach dem Kriege 1870/1871, der zum ersten Male die Woge nationaler deutscher Begeisterung bis nach Ostfriesland trug, begann man ernstlich die Verbesserung der Landeskultur, insbesondere der Entwässerung. Den Anstoß gab merkwürdigerweise die Kriegsmarine, die eine Kanalverbindung für kleine Schiffe zwischen Emden und Wilhelmshaven verlangte. Es lag nahe, dafür den Treckfahrtskanal auszubauen und von Aurich bis an die Jade neu anzulegen, wie es von 1883 an geschah. Dieser gewaltige Eingriff in die Natur führte aber vor und nach seiner Vollendung wie eine Kettenreaktion zu neuen Anlagen. So wurde 1879 aus den Emder Sielachten der I. Entwässerungsverband gebildet und ein neues Siel an der Knock gebaut; so mußte in gleicher Zeit in Emden eine Kanalisation der Stadt erfolgen, die bisher nach venezianischem Muster Ebbe und Flut besorgt hatten; so war um Aurich ein Ringkanal nötig, um nur die bedeutendsten Beispiele zu erwähnen. Sicher bei alledem ist, daß erstmals mehr Geld nach Ostfriesland floß als von dort an Steuern herausging.

Auch das Eisenbahnnetz verdichtete sich, zuerst seit 1876 mit der Querverbindung von Oldenburg über Leer nach Neuschanz in die Niederlande. 1883 wurde dann die sogenannte Küstenbahn eröffnet, die im Bogen von Emden über Norden und Esens nach Sande vor Wilhelmshaven führte mit einem Abstecher von Abelitz nach Aurich. Mehr glaubte der Staat nicht aufwenden zu können. Erst das Kleinbahngesetz brachte nach 1900 die Einrichtung der Nebenbahnen von Emden nach Greetsiel und von Leer über Aurich nach Esens und Wittmund. Gleichzeitig wurde der Bau von Landstraßen minderen Ranges energisch befördert, was jetzt eine Aufgabe der neuen Provinzialverwaltung in Hannover war.

Endlich reifte ein Unternehmen heran, als dessen Folge die erste bescheidene Industrialisierung in Ostfriesland vor sich ging. 1899 war der Dortmund-Ems-Kanal vollendet worden, der Kohle aus dem Ruhrgebiet herbei- und Erz zurückbrachte, was über ein halbes Jahrhundert trefflich funktionierte. Dafür wurde der Hafen in Emden erneut erweitert, in dem sich nun 1902 eine Großwerft niederließ und eine Eisenhütte geplant wurde. Nach wenigen Jahren mußte die Werft schließen, weil es zu wenig ausgebildete Arbeiter gab; man mußte sie erst heranziehen und für sie Wohnungen bauen. Als erste der ostfriesischen Städte begann also Emden seine jahrhundertealten Grenzen zu sprengen, nicht zuletzt dank der Tatkraft seines Oberbürgermeisters Leo Fürbringer, den man sich in weiser Voraussicht 1875 aus Thüringen geholt hatte.

Es ist eine Zeit, in welcher viele alte Eigenheiten Ostfrieslands verschwinden. Die Miquelsche Finanzreform in Preußen von

1891 beseitigte die alten Stadtsteuern, das Volksschulgesetz von 1906 die konfessionellen Volksschulen in Emden. Die wachsende Beweglichkeit der Bevölkerung verbunden mit der beginnenden Entkirchlichung bringt die uralte Grundlage des geistlichen Lebens — eine (reformierte oder lutherische) Kirche an einem Ort — vollends ins Wanken. Die Einrichtung eines Schullehrerseminars in Aurich läßt die ebenso alte Lehrerausbildung, die wie im zünftigen Handwerk geübt wurde, verschwinden. Und der Schiffbau auf den Fehnen kommt in größere Bedrängnis durch das Aufkommen größerer und aus Stahl gefertigter Dampfschiffe.

Die Verwaltungsreform des Jahres 1885 verwandelt die Landdrostei in eine Regierung, ihren Landdrosten in einen Präsidenten und nimmt dem Konsistorium die Aufsicht über die Schulen, wenngleich die meisten Pfarrer Schulinspektoren bleiben. Die Stadt Emden wird zum Stadtkreis erklärt; die anderen Städte werden kreisangehörig in den neuen Landkreisen Aurich, Emden, Leer, Norden, Weener und Wittmund. Offiziell gehört auch die Stadt Wilhelmshaven seit 1873 zu Ostfriesland, obwohl sie mit ihrer einseitigen Marinestruktur immer ein Fremdkörper bleibt.

Um 1900 kann man von den anfangs geschilderten Gegensätzen in der Haltung zu Preußen nicht mehr sprechen. Eine neue Generation findet in einem seit Jahrzehnten nicht mehr durch Katastrophen geplagten Ostfriesland Zeit, nun auch Politik zu machen, die nicht mehr von heimischen Gegensätzen lebt, sondern beispielsweise von der Zollgesetzgebung des Deutschen Reiches beeinflußt wird. Nicht umsonst ist Ostfrieslands »oberster Agrarier«, Graf Edzard zu Inn- und Knyphausen, der Vormann der konservativen Partei, die vorzugsweise auf dem Lande ihre Anhänger findet. In den Städten herrscht die nationalliberale Partei vor. Die Sozialdemokratie hat es schwer. Ihre zumeist landfremden Agitatoren müssen erst Plattdeutsch lernen, um sich im Lande verständlich machen zu können, und in den Städten ist der Anteil der Arbeiter noch gering. Immerhin erlebt man in Emden nach der Jahrhundertwende die ersten Streiks.

Still und unaufhaltsam wächst der Fremdenverkehr auf den Inseln, wo der Fischerberuf immer mehr ausstirbt und man dazu übergeht, auch im Winter Gäste aufzunehmen. Wohltätigkeitsvereine und Körperschaften errichten Heime für Kranke und für Mitglieder, um ihnen einen preiswerten Aufenthalt zu ermöglichen. Norderney lebt noch immer von seiner höfischen Tradition: wenn der Reichskanzler Fürst Bülow mit dem russischen Minister Graf Witte verhandelt oder seine Pflichten vernachlässigt, wie in der »Daily-Telegraph-Affäre« von 1908, ist die Insel in aller Welt Munde. Ein häßlicher Vorgeschmack ergibt sich aus dem Wettbewerb der nach wie vor meistbesuchten Inseln Borkum und Norderney, indem man dort, wo man »judenrein« sein möchte, das andere Seebad als »Judenbad« herabsetzt. Zwischen ihnen wird ein Werk des Friedens geschaffen: auf dem Memmert errichtet der Lehrer Otto Leege von Juist aus eine der ersten Vogelschutzkolonien in Deutschland.

In und zwischen den beiden Weltkriegen

Mit dem Ausbruch des Ersten Weltkrieges nähern wir uns der Zeitgeschichte, deren Erkenntnisse ja nur vorläufig sein können, weil dem Betrachter der genügende Abstand fehlt. Dennoch ist uns schon vieles aus jener Zeit fremd geworden, wenn man zum Beispiel an die patriotische Begeisterung bei Kriegsausbruch 1914 denkt. Bekanntlich wurden die Erwartungen auf einen schnellen Sieg enttäuscht, und der graue Kriegsalltag der nächsten vier Jahre ernüchterte die Menschen immer mehr.

Ostfriesland macht da keine Ausnahme von der deutschen Entwicklung, höchstens insofern, daß die immer noch vielfältigen Bindungen zum Land die Städter nicht allzusehr hungern ließen. Der Hafen in Emden, der zuerst geschlossen war, erholte sich nach der Wiedereröffnung nur mühsam. Die Insel Borkum wurde zur Festung erklärt und gegen eine feindliche Landung befestigt. Die Landwirtschaft half sich mit Kriegsgefangenen. Der Regierungspräsident glaubte allen Ernstes, mit dem Verbot des öffentlichen Alkoholausschanks dessen Mißbrauch ein Ende bereitet zu haben.

Das Kriegsende brachte aus dem benachbarten Wilhelmshaven, wohin der Funke der Revolution aus Kiel übergesprungen war, den Anstoß zur Bildung von Arbeiter- und Soldatenräten, namentlich in Emden, denen auf dem Lande Bauernräte gegenüberstanden. Ähnlich wie in Wilhelmshaven, wo die fortlaufende Heimkehr der Matrosen das militärische Element in den Arbeiter- und Soldatenräten schwächte, geschah es auch in Emden, wo schließlich verzweifelte Aktionen radikaler Arbeiter — darunter Plünderungen in der Krummhörn — die Revolution beendeten. Die Weimarer Republik führte ein gleiches Wahlrecht für Männer und Frauen ein, nicht nur für die Reichstags-, sondern auch für Landtags- und Gemeinderatswahlen. Ostfriesland brachte dieses Stimmrecht einen Anstieg der Sozialdemokratie auf etwa die Hälfte der Wahlberechtigten, jedoch eher im Westen als im Osten des Landes.

Der Regierungsbezirk Aurich gehörte mit dem Regierungsbezirk Osnabrück und den Ländern Oldenburg und Bremen zum Reichstagswahlkreis Weser-Ems und ohne diese zu einem preußischen Landtagswahlkreis. Das unpersönliche Verhältniswahlrecht brachte es mit sich, daß weder im Reichstag noch im Landtag ein Abgeordneter saß, der sich Ostfriesland besonders verpflichtet gefühlt hätte. Darum gewann jemand Bedeutung, der sein Amt als Regierungspräsident in Aurich als eine Aufgabe verstand, für seine Landsleute zu sorgen. Es war der ehemalige Lehrer und Bürgermeister von Norderney Jann Berghaus, der seine Stellung als Angehöriger der Deutschen Demokratischen Partei, die zur Regierungskoalition in Preußen zählte, erhalten hatte. Seine Amtsführung ließ alle Vorbehalte vergessen, und es sei hier nur erinnert an die von ihm durchgesetzte neue Schule in Moordorf, womit er aus seiner Kenntnis von Land und Leuten ein Übel an der Wurzel packte.

Die seit einem halben Jahrhundert eingeführte Elektrizität setzte sich in den zwanziger Jahren auch in Ostfriesland durch. Seit 1906 gab es in Wiesmoor ein Torfkraftwerk, dessen Turbinen durch Dampf angetrieben wurden. Das war der Höhepunkt der dritten, schon Jahrzehnte vor dem Kriege einsetzenden, ostfriesischen Moorkultivierung, die im Ems-Jade-Kanal ihre Achse gefunden hatte. Indem man das Land für die Siedler vorbereitete, ihnen Wege und Häuser baute und sie bei der landwirtschaftlichen Produktion beriet und überwachte, vermied man alle Fehler der vorangegangenen Urbarmachungen, bei denen jegliche Starthilfe gefehlt hatte. Berühmt wurde Wiesmoor dann durch die Idee, die Abwärme des Kraftwerkes zur Gemüseerzeugung in Treibhäusern zu nutzen.

In der elektrischen Kraft sah man auch das Mittel, endlich der seit langem drängenden Entwässerungsprobleme Herr zu werden, weil man mit ihr Pumpen antreiben konnte. Bis dahin waren für die ostfriesischen Niederungen die Flatter- oder Wassermühlen charakteristisch, die eine archimedische Schraube antrieben, um das Wasser in einen Ablaufgraben zu heben. Die elektrische

Energie erlaubte den Einsatz einer nicht nur stärkeren, sondern auch windunabhängigen Kraft. Zugleich wurde es nun möglich, auch bei Flut Wasser aus den Sielen zu pumpen, wenn der Rückstau zu groß war. Damit wurde nach den Gemeinheitsteilungen des 19. Jahrhunderts eine zweite landwirtschaftliche Revolution eingeleitet, die bis in unsere Tage dauert. Sie ist mit Flurbereinigungen verknüpft, erzwang den Zusammenschluß vieler Entwässerungsverbände und Sielachten und hat dazu geführt, daß der Begriff »Land unter« praktisch kein Schreckensruf mehr ist.

Für diese Meliorationen wandte der Staat viel Geld auf; Anfang der dreißiger Jahre wurden sie zum Musterbeispiel zur Beschäftigung von Arbeitslosen in freiwilligen Arbeitsdiensten; denn noch geschah die Arbeit weitgehend von Hand. Auch die Einpolderungen setzten sich fort: an der Leybucht 1913 der Schoonorther Polder und 1929 Neuwesteel, und am Emder Hafen, dessen letzte Erweiterung mit der damals größten Seeschleuse Europas gerade 1913 fertig geworden war, im gleichen Jahr der Hafenpolder und vor allem 1922 die Larrelter und Wybelsumer Polder, wodurch die heutige Küstenlinie von Emden bis zur Knock geschaffen wurde. Viele der alten Deichachten wurden zu klein für die neue Zeit, wie zum Beispiel die gegenwärtige Rheider Deichacht an Stelle von fünf älteren für die Deiche des Rheiderlandes sorgt.

Zusammenschluß allenthalben, auch in der Verwaltung. Zwar waren in den letzten Jahrzehnten dank neuer Aufgaben und größerer Beanspruchung des Staates neue Behörden entstanden, wie seit 1872 ein Staatsarchiv, seit 1876 die Katasterämter, seit 1894 eine Gewerbeinspektion, seit 1906 ein Meliorationsbauamt, später Wasserwirtschaftsamt, und seit 1919 ein Kulturamt. Immer mehr Aufgaben wurden der allgemeinen Verwaltung entzogen, wozu nach 1930 die schwere Finanzkrise des Staates kam, so daß 1932 die Landkreise Emden und Weener aufgelöst wurden. Der Landkreis Leer mit seinem tüchtigen Landrat nahm den Kreis Weener und vom Kreis Emden die östlich von Emden gelegenen Teile — die alten stadtemdischen Herrlichkeiten — und die Insel Borkum auf, die einst von Greetsiel aus verwaltet worden war; der Landkreis Norden die Krummhörn. Im Rheiderland hat man erst nach dem Zweiten Weltkrieg den Verlust der Eigenständigkeit verwunden.

Es war schon die Rede von Arbeitslosen und Finanznöten. Die schwere Wirtschaftskrise der Jahre seit 1929 traf das ohnehin nicht mit Glücksgütern gesegnete Ostfriesland hart und ermöglichte auch hier den Durchbruch des Nationalsozialismus zu einer beachtlichen Kraft. Die bürgerlichen Parteien schmolzen vor ihm wie der Schnee in der Sonne, zumal das katholische Zentrum als einzige bürgerliche Partei, die in Deutschland Widerpart bot, hierzulande nicht vertreten war. Das Signal der Wende war die nach dem Gesetz mögliche Versetzung des Regierungspräsidenten Berghaus in den einstweiligen Ruhestand im November 1932.

Es fällt heute schwer, jungen Leuten, die ohne Begeisterung für Ideale und ohne das Wissen um die Allmacht einer Geheimpolizei aufgewachsen sind, die Anziehungskraft und die Anhänglichkeit an den Nationalsozialismus zu erklären. Er verstand es, alle möglichen Vorstellungen für sich zu beanspruchen, so daß deren Vertreter mit ihm gehen konnten. Sie übersahen, was ihnen nicht paßte, und die neue Bewegung hatte als Schuldigen aller Mißstände einen Bösewicht vorzuzeigen, auf den viele schon lange neidisch waren: den Juden. Diese Unheilssaat ging in Ostfriesland wie andernorts glänzend auf, gerade weil die wenigsten wußten, wie es in einem Konzentrationslager wirklich zuging, auch wenn es solche schon hinter Papenburg gab. So wurde etwa die Verhängung von Schutzhaft nach dem Januar 1933 gegen führende Kommunisten, Sozialdemokraten und Gewerkschaftler als harte Polizeistrafe betrachtet, die rechtens sei.

Begeisterung, die dem bedächtigen ostfriesischen Charakter ohnehin nicht liegt, und Fanatismus war bei den wenigsten zu spüren. Es gibt weder herausragende Ereignisse des Widerstands gegen die Nationalsozialisten noch entsprechende Großtaten von diesen zu berichten, wie denn auch nach 1933 kein bedeutender Führer der Bewegung hierzulande öffentlich aufgetreten ist. Wenn jemand blind überzeugt von seiner Lehre war, so war es der deutschchristliche Pfarrer Meyer in Aurich, der bis 1945 seine Gottesdienste unter dem Hakenkreuz hielt. Repräsentant der Partei war der Gauleiter in Oldenburg — die NSDAP hatte die Reichstagswahlkreise zu ihren Gauen erklärt —, ein hochgekommener Kleinbürger namens Carl Röver. Er sah sich wie alle seine Kollegen als Kleinkönig in seinem Gau, in dem er allein das Sagen hätte. Daraus folgte ein immer größeres Gegeneinander von Staatsverwaltung und Parteiinteressen, das man geschickt für seine Absichten ausnutzen konnte, ganz im Gegensatz zu der offiziell verkündeten Einheit von Partei und Staat.

Ein Beispiel in Ostfriesland sind die Auseinandersetzungen um das Weiterbestehen der Ostfriesischen Landschaft, die von den Sozialdemokraten in den zwanziger und den Nationalsozialisten in den dreißiger Jahren als überflüssig angesehen wurde. Klug spielte der Landschaftspräsident von Eucken-Addenhausen den Gauleiter Röver gegen den SA-Führer Lutze aus, den Oberpräsidenten der Provinz Hannover, indem er Röver die Landschaft als heimatgebundenes Institut darstellte, dessen Verfassung nur zu ändern sei. Das geschah 1942 durch den Landrat Dr. Hermann Conring in Leer, der die Grundzüge der jetzigen Landschaftsverfassung entwarf, nämlich den Verzicht auf das Kuriatsystem von 1846 und die Einführung von 49 Landschaftsvertretern mit 7 Landschaftsräten.

In dieser Form überlebte die Ostfriesische Landschaft, jedoch mit einem schweren Opfer. Die von ihr 1870 gegründete Sparkasse mit ihrem ländlichen Zweigstellennetz, die sich eines felsenfesten Vertrauens unter den Ostfriesen erfreute, mußte auf die Kreissparkassen aufgeteilt werden. Ob man dies bis zum Kriegsende hätte hinzögern können, ist fraglich; sicher war die Ostfriesische Sparkasse den Landräten als Vertretern der Kreissparkassen ein Dorn im Auge. Die Brandkassen für Stadt und Land blieben dagegen landschaftseigen; auf sie warf erst nach dem Kriege die hannoversche Provinzialbrandkasse ein begehrliches Auge.

Die — längst nötige — Umwandlung der Landschaft, die ihr die letzten Überbleibsel alter Ständeherrlichkeit nahm, ist damit zu einem dauerhaften Ergebnis der 12 Jahre zwischen 1933 und 1945 geworden, neben dem bis heute wenig anderes Bestand gehabt hat. Denn die Nationalsozialisten merkten bald nach 1933, als sie ihre Anhänger untergebracht hatten, daß die sachlichen Probleme dadurch nicht schneller gelöst wurden. Die vorher begonnenen Arbeiten, wie etwa bei der Landeskultivierung, liefen weiter, und eine Stadt wie Emden plagte sich mit ihren Schulden nach wie vor.

Eines allerdings hat man erreicht: die nahezu völlige Austreibung der Juden aus Ostfriesland, wo sie über dreihundert Jahre friedlich gewohnt hatten. Selten hatte es Reibungen mit den Christen gegeben. Wie in ganz Deutschland begann die Verfolgung mit dem Boykott am 1. April 1933 und setzte sich entsprechend der Verschärfung der Gesetze bis zum Synagogenbrand im November 1938 fort. Überhastet wurden alle Juden aus ihren Wohnungen getrieben. Sie durften zwar nach einiger Zeit zurückkehren, um später in die Konzentrationslager geschickt zu werden, falls ihnen nicht die Auswanderung gelang. Weniger als die Hälfte konnte in aller Herren Länder entkommen; geblieben sind die meisten jüdischen Friedhöfe.

Der Zweite Weltkrieg verschonte Ostfriesland weitgehend. Die Landwirtschaft und die Verkehrsferne ließen die Ostfriesen friedlicher leben als manch andere im Reich. Die nur hier gültige Teekarte bescherte ihnen wenigstens einen Hauch des geliebten Getränks. Im Luftkrieg zog sich eine englische Einflugschneise über das Land. Auf den Hin- und Rückflügen fielen weitgehend planlos Bomben hier und da, die dennoch in Esens und Aurich große Opfer, auch an Kindern, forderten. Der einzige größere Angriff wurde auf Emden am 6. September 1944 geflogen. Binnen einer halben Stunde ging die Altstadt im Feuermeer unter, ohne größere Verluste der in die Bunker geflüchteten Einwohner. Die Hochbunker waren sehr zahlreich vorsorglich errichtet worden, weil in den meisten alten Häusern keine Keller vorhanden waren. Die Hafen- und Werftanlagen blieben unversehrt. Kurz vor Kriegsende gab es noch bei den Kämpfen um Leer ein verlustreiches Bombardement der dortigen Kaserne.

Die Oase Ostfriesland wurde ein immer beliebterer Zufluchtsort für Ausgebombte und Flüchtlinge. Als der Krieg am 8. Mai 1945 endete, war der Ems-Jade-Kanal die Frontlinie. So zählte der Norden des Landes zu den wenigen Teilen Deutschlands, die bei dessen Kapitulation noch nicht erobert worden waren.

Das Ende ?

Geschichten als Erzählungen können unendlich sein, Geschichte als Ereignis ist endlich, und so findet auch die Geschichte Ostfrieslands ihr Ende, nämlich in der Verwaltungsreform der siebziger Jahre, durch die der Regierungsbezirk Aurich aufgelöst wurde. Ostfriesland lebt weiter als landschaftlicher Begriff. Das ist nicht nur geographisch gemeint, sondern die Ostfriesische Landschaft mit ihrer Brandkasse bleibt die einzige öffentliche Institution, die mit dem alten Landesnamen verbunden ist.

So kann dieser letzte Abschnitt in seiner zeitgeschichtlichen Bedingtheit nur diesen Weg zum Ende beschreiben, einen Weg, an dem Ostfriesland voll teilnahm in dem Auf und Ab der wirtschaftlichen Entwicklung in der Bundesrepublik Deutschland. Niemand konnte dies im Mai 1945 voraussehen, als das große Aufatmen durch die Lande ging und das große Aufräumen begann. Bedeutende Kriegsschäden waren nicht zu verzeichnen, außer in Emden. Brücken und Straßen waren vielfach zerstört, und die empfindlichen Wasserbauanlagen litten unter jahrelanger Vernachlässigung. Das Hauptproblem waren die Massen der Flüchtlinge und Vertriebenen, die mit allen Belastungen einer Wohnungszwangswirtschaft nicht nur in den Städten, sondern auch auf den Dörfern unterkommen mußten. Wer bis dahin noch nicht wahrhaben wollte, daß Deutschland den Krieg verloren hatte, merkte es jetzt.

Verwaltung und Gerichte arbeiteten schon im Sommer 1945 weiter, davon abgesehen, daß die Entnazifizierungswelle zeitweise viele Beamte aus ihnen entfernte. Alte Pläne wurden aus der Schublade geholt, und schon 1947 begannen die Arbeiten zur Einpolderung eines weiteren Teiles der Leybucht; 1951 waren sie beendet mit dem Bau des sogenannten Störtebeker-Deiches, des letzten, der in alter Manier von Hand ohne Maschineneinsatz angelegt worden ist. Auf dem neuen Polder wurden vorzugsweise

Vertriebene angesetzt. Andere Neusiedlungen, die das gescheiterte Bodenreformgesetz vorgesehen hatte, kamen nicht zustande. Bevor der Landbedarf der Flüchtlinge zum Problem wurde, waren viele von ihnen in den fünfziger Jahren abgewandert.

Politik wurde in den Nachkriegsnöten und unter den Auflagen der englischen Besatzungsmacht anfangs klein geschrieben. Die Sozialdemokraten gewannen wieder ihre alte Vorherrschaft im westlichen Ostfriesland, während die ehemaligen bürgerlichen Parteien in Gestalt der Christlich-Demokratischen Union und der Freien Demokraten erneut im Osten dominierten. Das neue Wahlrecht mit seinem starken Anteil der Persönlichkeitswahl brachte es dahin, daß endlich sowohl im Bundestag in Bonn wie im Landtag in Hannover ostfriesische Abgeordnete saßen, die für ihre Heimat oft genug über die Parteigrenzen hinweg an einem Strang zogen.

Fleisch und Blut gewann dieser demokratische Wiederanfang für die Ostfriesen in der Gestalt von Jann Berghaus, des Regierungspräsidenten der Jahre 1922 bis 1932. Der Ministerpräsident des Landes Niedersachsen, in dem die preußische Provinz Hannover und die Länder Braunschweig, Oldenburg und Schaumburg-Lippe aufgegangen waren, berief ihn zum Vorsteher der Ostfriesischen Landschaft. Deren Abgeordnete wurden nun nicht mehr berufen, sondern von den Kreistagen und dem Stadtrat von Emden gewählt. Die Landschaft wurde das »Kulturparlament« Ostfrieslands genannt und Vorbild aller späteren Einrichtungen dieser Art in Niedersachsen.

In der zweiten Hälfte der fünfziger Jahre beginnt eine große Umwälzung im Lande, deren Folgen man heute noch gar nicht beurteilen kann. Mit dem Umbau der Straßen von den alten Klinker-und Pflasteranlagen auf Asphalt und Beton und mit dem steigenden Wohlstand trat auch hier das Auto seinen Siegeszug an. Dadurch verschwanden binnen weniger Jahre nicht nur die Neben-und Kleinbahnen, es kam auch zu größerer Beweglichkeit der Ostfriesen nach außen und der Fremden nach innen. Der moderne Massentourismus ergriff Ostfriesland mit Macht. Binnen kurzer Zeit wuchsen nicht nur Ferienquartiere auf allen Inseln, auch die Sielhafenorte wurden eine erfolgreiche Konkurrenz.

Man baute Hotels, Kuranlagen und Feriensiedlungen und spülte Strände auf. Die Küste änderte ihr Gesicht. Damit hat sich die Fremdenverkehrsindustrie zum Rückgrat der ostfriesischen Wirtschaft entwickelt, weil sie von deren Auf und Ab ziemlich unbeeinflußt bleibt.

Die besseren Verkehrsmöglichkeiten und die deutsche Hochkonjunktur dieser Zeit führten zu einer verstärkten Niederlassung von Zweigbetrieben großer Firmen im Lande. Als Paradebeispiel galt und gilt das Volkswagenwerk in Emden, das mit seinen in Ostfriesland ungewohnt hohen Löhnen eine kleine Revolution auslöste. Endlich glaubte man, den natürlichen Nachteil des Landes, seine Abgelegenheit, die seit über einem Jahrhundert die Ab- und Auswanderung vieler erzwungen hatte, überwunden zu haben und alle Arbeitssuchenden hier halten zu können. Die Abschwächung der Konjunkturen, namentlich in der jüngsten Zeit, hat diese Hoffnung als trügerisch erwiesen.

Die Landwirtschaft, nach wie vor das Fundament, wurde ebenfalls seit den fünfziger Jahren sehr gefördert. Die Wasserbau-Meliorationen schritten stetig voran, wozu als herausragendes Unternehmen die Überschlickung der Meedengebiete zwischen Riepe und dem Ems-Jade-Kanal zählte, die von umfangreichen Flurverbesserungen begleitet wurde. Die Europäische Gemeinschaft, die unter dem Eindruck des Hungers im vergangenen Kriege die bäuerliche Erzeugung prämierte, brachte manchem Landwirt ungeahnte Gewinne, aber die Geister, die man gerufen hatte, wurde man nicht wieder los. Die Dörfer wandelten ihr Aussehen, da viele Bauern die eigene Wirtschaft aufgaben, wie auch die letzten Windmühlen ihren Betrieb einstellten.

Im Wasserbau erzwang der zunehmende Mangel an Arbeitskräften eine immer größere Mechanisierung der Arbeiten. Nur dadurch konnten die Deiche nach der Sturmflut des Februar 1962, die allenthalben große Schäden anrichtete, in einigermaßen kurzer Zeit nicht nur ausgebessert, sondern auch erhöht werden. Die durch steigende Kosten veranlaßte Konzentration des Kleinen zum Großen, die wohl dereinst als ein Hauptmerkmal unserer Epoche angesehen werden wird, führte auch im Sielwesen zu größeren Anlagen; man braucht nur das neue Knockster Siel von

1968 anzuführen. Die Moorkultivierung endete erst in unseren Tagen, nachdem schon seit Ende der fünfziger Jahre das Kraftwerk in Wiesmoor nicht mehr mit Torf beheizt worden ist.

Vor diesen Zusammenschlüssen konnte die Verwaltung nicht haltmachen, weil die immer intensivere Beanspruchung des Staates durch seine Bürger immer perfektere Kenntnisse des Verwaltungspersonals erforderte, das von einer kleinen Gemeinde gar nicht gestellt werden konnte. So begann die Verwaltungsreform, von der zu Anfang die Rede war, bei den kleinsten Einheiten, eben den Gemeinden. Im Laufe des Jahres 1972 wurde in drei Gesetzen Ostfriesland »neugeordnet«. Dabei ergaben sich merkwürdige Rückbezüge auf alte Zeiten. Die Herrlichkeit Gödens etwa wurde oldenburgisch, die neuen Gemeinden Friedeburg und Wittmund entsprachen großenteils den vormaligen gleichnamigen Ämtern, das friesische Brookmerland erstand wieder in den Gemeinden Brookmerland und Südbrookmerland, und auch die neuen Gemeinden Uplengen, Westoverledingen und Moormerland bedienten sich mittelalterlicher Namen. Die Städte erweiterten sich kräftig, und der alte Streit zwischen den Orten Greetsiel und Pewsum um dem Amtssitz belebte sich wieder in den Auseinandersetzungen um den Sitz der neuen Gemeinde Krummhörn.

Weniger Gemeinden bedeuteten geringere Aufgaben für die Landkreise, deren Daseinsberechtigung in den folgenden Jahren je nach Blickwinkel heftig bejaht oder verneint wurde. Bei der Kreisreform des Jahres 1977 blieb der 1932 saturierte Kreis Leer ungeschoren, die Kreise Aurich und Norden wurden vereinigt, auch der Kreis Wittmund mit dem oldenburgischen Kreis Jever. War damit der Traum Edzards I. erfüllt und das Jeverland endlich ostfriesisch? Mitnichten. Unversehens brachen beiderseits der »Goldenen Linie« alte Vorurteile durch; man betonte im Jeverschen seine Eigenständigkeit, bis nach zwei Jahren — wie in einem Satyrspiel nach der Tragödie — die ungeliebte Ehe vom Staatsgerichtshof geschieden wurde.

Waren hier also noch kräftige Rufe wie »Hie gut Oldenburg — Hie gut Ostfriesland« zu vernehmen, so wurde am 31. Januar 1978 mit der Auflösung der Regierungsbezirke Aurich und Osnabrück und des Verwaltungsbezirks Oldenburg zugunsten eines neuen Regierungsbezirks Weser-Ems die letzten staatlichen Spuren der alten Länder beseitigt. Wie zu Beginn dieses Abschnitts vermerkt, hat damit die ostfriesische Geschichte eine Ende erreicht. Ob es sich im Bewußtsein der Ostfriesen auch in Zukunft so darstellen wird, bleibt für sie eine Herausforderung.

Zeittafel

ca. 3000 v. Chr.	Beginn der Besiedlung
ca. 600—700 n. Chr.	Auftreten der Friesen
um 775	Anfang der Missionierung
983, 9. Juni	Kaiserliche Bestätigung des Stifts Reepsholt
um 1000	Beginn des Deichbaus
um 1200	Erste Klostergründungen
ca. 1350—1450	Häuptlinge und »Länder«
1464, 1. Oktober	Erhebung Ostfrieslands zur Reichsgrafschaft
1491—1528	Graf Edzard I.
1495	Kaiserliche Wappenverleihung an die Stadt Emden
um 1500	Auftreten und Ausbildung der Landstände
ab 1520	Eindringen der Reformation
1566—1648	Freiheitskampf der Niederlande
1595	Emder »Revolution«
1600	Endgültige Erwerbung des Harlingerlandes
1611, 24. Mai	Osterhusischer Akkord
1622—1652	Besatzungsgebiet des Dreißigjährigen Krieges
1633	Anfang der Fehnkultur
1654	Graf Enno Ludwig wird Reichsfürst
1678	Kaiserliche Wappenverleihung an die Stände
1682, 5. November	Brandenburgische Truppen in Greetsiel
1717	Weihnachtsflut
1725—1727	Appelle-Krieg
1744, 25. Mai	Tod des letzten Fürsten Carl Edzard
1744, 26. Mai	Ostfriesland fällt an das Königreich Preußen

1749	Ende der Selbständigkeit der Stadt Emden
1751	Portofranco-Recht in Emden
	Kgl. preuß. Asiatische Compagnie in Emden
1765	Urbarmachungsedikt
1791—1792	Ostfriesischer Landtag
1800	Eröffnung des Seebades auf Norderney
1806—1813	Holländische und französische Zeit
1815, 15. Dezember	Abtretung an das Königreich Hannover
1825	Große Sturmflut
1846	Ständische Verfassung
1847	Neuer Hafen für Emden
1856	Die Eisenbahn erreicht Emden
1866	Rückkehr mit Hannover an Preußen
1883	Eröffnung der Küstenbahn
1889	Eröffnung des Ems-Jade-Kanals
1899	Vollendung des Dortmund-Ems-Kanals
1922—1932	Jann Berghaus Regierungspräsident
1944, 6. September	Untergang der Emder Altstadt
1945, 8. Mai	Kriegsende am Ems-Jade-Kanal
1946	Begründung des Landes Niedersachsen
1978, 31. Januar	Auflösung des Regierungsbezirks Aurich

Bibliographisches Nachwort

Eine »kleine Geschichte Ostfrieslands« wäre nicht mehr klein, wenn sie ein Fußnoten-Apparat begleitete. Zur weiteren Beschäftigung mit den hier behandelten Themen kann die von der Deichacht Krummhörn herausgegebene und in den Jahren 1969 bis 1980 erschienene neunbändige Reihe »Ostfriesland im Schutze des Deiches« dienen. Die danach veröffentlichte Literatur kann in den alljährlichen Literaturberichten des von der Ostfriesischen Landschaft verlegten »Jahrbuchs der Gesellschaft für bildende Kunst und vaterländische Altertümer« verfolgt werden.

Eine besondere Bibliographie zur ostfriesischen Geschichte, die bis 1907 erschienene Literatur verzeichnet, ist 1990 veröffentlicht worden. Deren Fortsetzung findet man — Vollständigkeit nicht vorausgesetzt — in den von der Historischen Kommission für Niedersachsen und danach von der Niedersächsischen Landesbibliothek bearbeiteten Bibliographien zur niedersächsischen Geschichte.

Biographische Notiz

Dr. phil. Walter Deeters, * 1930 Leipzig, ist Archivdirektor und leitet seit 1975 das Niedersächsische Staatsarchiv in Aurich.

ISBN 3-7963-0229-7
2. durchgesehene Auflage 1992

Grafik: Umschlag (Harpyie d. Cirksena a.d. Ostfries. Wappen)
u. Karten: A. Langwisch
Schrift: 10°/11° Garamond
Gesamtherstellung: Hans Kock Buch- und Offsetdruck, Bielefeld
Printed in Germany

Im August 1965 erschien als erste Publikation unseres Verlages eine Schallplatte von Wilhelmine Siefkes in ostfriesischem Platt: »Tant Remda in Tirol«. Diesem ersten Versuch folgten bisher vierzig Sprechplatten deutscher Mundarten und Nebensprachen. Die Reihe »Niederdeutsche Stimmen« wurde zu einer beispielhaften Sammlung.
Neben einer Vielzahl niederdeutscher Autoren und Dialekte dokumentierten wir bisher Frankfurter und niederrheinische Mundart, helgoländisches Friesisch, kanadisch-mennonitisches Plautdietsch und Ostjiddisch.
In den folgenden Jahren erweiterten wir unser Programm durch die Herausgabe einer Reihe von Büchern zeitgenössischer niederdeutscher Autoren, u.a. von Heinrich Diers, Krüschan Holschen, Siegfried Kessemeier, W.A. Kreye, Hinrich Kruse, F.H. Schaefer, D.H. Schmidt, Greta Schoon, Wilhelmine Siefkes, Wolfgang Sieg, Gernot de Vries und Christof Wehking.
Werke älterer niederdeutscher Klassiker, z.B. von Robert Dorr, Klaus Groth, Enno Hektor, Fritz Lottmann, F.H. Müller, Karl Theodor Piening und F.G. Sibeth, wurden neu gedruckt.
Weiter geben wir Nachdrucke älterer Ausgaben und neue Arbeiten zur norddeutschen Landes- und Volkskunde, Geschichte und Dialektologie heraus.
Mehr als zweihundert Faksimiles ausgewählter Kupfer-, Stahl- und Holzstiche des 16.-19. Jahrhunderts, von Stadtansichten, Trachten, Land- und Seekarten und von kulturhistorischen und maritimen Darstellungen runden unser Programm ab.
Wir schicken Ihnen gern Verzeichnisse unserer Bücher und Schallplatten und unterrichten Sie von Zeit zu Zeit über unsere Arbeit.

26789

VERLAG SCHUSTER D 2950 LEER

Müllerstr. 15/17
0491/61043
Fax 0491/65729